Airline Cabin Crew
Interview

항공 객실승무원
면접실무

1969년 대한항공(주)의 설립으로 대한민국에서 민간 항공사가 시작됨과 동시에 항공사 객실승무원이라는 직업도 주목을 받기 시작했다. 항공사 객실승무원은 강도 높은 업무로 고된 직업이라는 인식이 있음에도 불구하고, 높은 연봉과 좋은 복리후생제도, 그리고 세계 각지로 여행할 수 있다는 직업적 매력으로 여전히 여대생들의 꿈의 직업으로 자리매김하고 있다. 항공 수요의 폭발적 증가와 항공기의 대형화, 항공사의 노선 확대 등으로 승무원 채용이 늘어난 동시에 객실승무원에 취업을 희망하는 지원자도 해를 거듭할수록 증가하고 있다. 항공사 객실승무원 채용이 있을 때마다 경쟁률이 100대 1을 훌쩍 넘는 것이 많은 지원자들의 관심의 증거일 것이다.

객실승무원의 이미지가 항공사의 마케팅 요소로 활용될 만큼 객실승무원의 이미지는 항공사의 이미지를 대변한다. 그리고 객실승무원은 기내라는 한정된 공간에서 항공사 직원 중 가장 긴 시간 동안 승객에게 인적 서비스를 제공하기에 항공사의 서비스 품질을 결정하는 중요한 요소이다. 따라서 각 항공사는 기업 이미지에 잘 어울리며 기업의 서비스 철학을 잘 수행할 수 있는 우수한 인재를 채용하기 위해 노력하고 있다.

객실승무원 채용의 특징은 학력과 전공보다는 인성과 서비스 자질 등의 직무 역량을 중요하게 생각하는 항공사만의 독특한 기준으로 다른 어떤 기업보다 면접의 비중이 높다는 것이다. 보통 승무원 면접은 한 조에 5~8명씩 20분 이내로 짧게 진행된다. 타고난 외모와 면접 운으로만 승부하기엔 취업의 장벽은 너무 높다. 항공사 분석, 이미지 관리, 스피치 훈련과 같은 철저한 준비만이 짧은 시간 동안 나의 역량과 가능성을 최고로 보여줄 수 있는 방법이다.

이 책은 객실승무원 면접을 준비하는 대학생들과 예비승무원들을 위한 것으로 승무원 면접 준비 시 꼭 알아야 할 내용을 빠짐없이 수록하였다. 내용 구성은 다음과 같다.

1장 「항공 객실승무원의 이해」에서는 객실승무원의 직무 특성이 무엇인지 알아보고, 직무에 필요한 자질, 직급체계와 항공사에서 실시하는 직무훈련에 대해 다루었다.

2장 「항공사 분석」은 국내의 두 메이저 항공사 대한항공과 아시아나항공, 그리고 5개의 LCC항공사 제주항공, 진에어, 에어부산, 티웨이항공, 이스타항공에 대한 기업분석과 각 항공사별 실제 채용공고를 정리하였다.

3장 「입사지원서 작성법」은 객실승무원 채용의 첫 번째 관문인 이력서와 자기소개서 작성법을 자세히 설명하였으며, 각 항공사별 자기소개서 항목도 수록하였다.

4장 「항공 객실승무원 면접 이미지메이킹」에서는 객실승무원 면접 시 첫인상을 결정하는 외적인 요소로 표정, 자세, Make-up, Hair-do, 복장의 준비 요령을 설명하였다.

5장 「면접 스피치」는 면접 준비 단계로서 효과적인 스피치를 위한 기본원칙과 목소리 훈련법, 설득력을 높일 수 있는 스피치 구조 만들기, 스피치 시 비언어적 요소의 중요성에 대해 배운다.

6장 「항공 객실승무원 면접 요령」은 객실승무원 면접에 대한 구체적인 내용들은 다루었는데 면접방식과 평가항목 그리고 항공사 면접에서 자주 출제되는 기출문제의 답변 TIP도 정리하였다.

7장 「항공 객실승무원 기내 상황별 대처 요령」은 면접 시 롤플레이 질문에 대한 서비스인으로서의 순발력 있는 답변을 위해, 승객 불만이 일어났을 때의 기본적인 대처방법과 승무원 면접 롤플레이 기출문제 및 답변 요령을 배운다.

8장 「항공 객실승무원 영어면접 요령」은 영어면접 시 주의사항과 객실승무원 영어면접 기출문제를 수록하여 연습할 수 있도록 하였다.

그리고 부록에서 「기내방송」과 「신체검사 및 체력검사」에 대해 다루어 승무원 면접 준비에 부족함이 없도록 하였다.

부디 이 책이 막연한 승무원의 꿈이 현실로 이루어지는 발판이 되길 바란다.

저자 일동

항공 객실승무원의 이해

항공 객실승무원이란 항공기에 탑승하여 비상시 승객을 탈출시키는 등 안전업무를 수행하는 승무원을 말한다. 이 처럼 객실승무원은 남·여승무원을 총칭하여 승객의 안전 하고 쾌적한 여행을 위해 항공기에 탑승하여 근무하는 사람을 말하며, 그 과정에서 승객의 요구를 충족시켜 최상의 서비스를 제공해야 하는 책임이 있다. 항공사가 고객과 우호적인 관계를 형성하고 유지할 수 있도록 하는 매우 중요한 역할을 수행한다.

항공 객실승무원의 임무는 각 항공사에서 정한 기준에 따라 상이할 수 있으나, 주 임무는 크게 승객의 안전성과 쾌적성 확보의 두 가지로 분류할 수 있다. 즉, 객실승무원은 항공기의 안전운항을 위해 기장과 협조하여 운항 중의 승객 안전과 비상탈출에 관한 임무를 수행해야 하며, 안전하고 쾌적한 비행 환경을 조성하고 유지하는 데 대한 책임을 진다. 기업이념이 반영된 객실서비스 정책을 실현하고 제반 규정과 서비스 절차를 준수하여 승객에게 최상의 서비스가 제공되도록 최선을 다해야 한다.

항공 객실승무원은 항공운송 종사자들 가운데 항공사를 이용하는 고객과의 접점 시간이 가장 길고, 타 항공사와의 차별적인 서비스를 제공함으로써 해당 항공사와 소속 국가에 대한 이미지를 형성한다는 점에서 그 역할은 매우 중요한 부분을 차지하고 있다. 객실승무원의 업무태도와 승객에 대한 반응 및 이미지는 고객이 항공사의 서비스를 판단하게 되는 중요한 역할을 하게 된다. 객실승무원의 서비스는 항공사에서 제공하는 대표적인 인적 서비스로 항공사의 좌석과 함께 고객에게 판매되는 무형의 상품이며 객실승무원의 서비스 능력은 항공사의 상품 수준을 결정하는 기준이 되고 이는 곧 항공사의 경쟁력과 직결되는 중요한 요소이다. 항공서비스에 있어 객실승무원의 역할은 다양한 고객의 욕구를 통해 끊임없이 변화하는 기대치와 만족도를 파악하고 공유함으로써 서비스 개선 및 향상을 위한 목표와 계획을 수립하여 나아가 항공사의 서비스 전략을 제시하기 위한 중요한 전달자가 되기 때문에 그 중요성은 매우 높다고 할 수 있다.

① 항공 객실승무원의 직무 특성

항공사를 대표하며 서비스 직무를 수행하는 객실승무원은 높은 수준의 전문적 지식과 기술뿐만 아니라 다양한 감성을 가지고 고객의 요구를 충족시키는 마케팅 기능을 수행해야 한다. 항공사 객실승무원의 직무 특성은 다음과 같다.

첫째, 항공 객실승무원은 업무수행 과정 중 다양한 국적과 분야, 여러 사회 계층의 승객을 응대하게 되므로 주요 업무인 서비스와 안전 관련 지식 외에도 다방면에 걸쳐 풍부한 상식과 업무 지식, 교양과 외국어 실력을 갖추어 비행 중 발생할 수 있는 여러 가지 상황에 현명하게 대처할 수 있어야 한다. 더불어 항공기의 안전 운항을 위해 비상시 필요조치를 취할 수 있는 지식과 능력을 갖춰야 하며 이를 습득, 유지하기 위하여 객실승무원 안전훈련 매뉴얼에 명시된 소정의 교육훈련을 이수하고 심사에 합격하여야만 객실승무원으로서 근무할 수 있다.

둘째, 항공 객실승무원의 업무는 고객과 처음 마주 대하는 항공기 탑승의 순간부터 목적지에 도착하여 고객이 안전하게 하기하는 마지막 시점까지 총체적으로 진행되며 팀원과의 조화 속에 개개인에게 주어진 담당구역의 업무를 처음부터 끝까지 책임감 있게 수행할 수 있어야 한다.

셋째, 승객들은 예약, 발권, 탑승수속 단계에서 접한 항공사 직원들의 서비스에 만족했다 하더라도 항공기 탑승 후 객실승무원의 인적 서비스에 만족하지 못하면 항공사 전체에 대한 불만으로 가중될 만큼 객실승무원의 직무수행능력은 항공사

이용 고객의 서비스 만족에 미치는 비중이 크다. 모든 항공사들이 기내서비스를 제공하는 객실승무원 채용 시 태도, 자질, 의사소통능력, 용모 등 엄격한 선발 기준을 두고 체계적인 교육 프로그램하에 지속적인 서비스 교육을 실시하고 있는 것도 바로 이러한 이유 때문이다.

넷째, 과거에 객실승무원의 업무가 기내에 탑재된 서비스 물품을 탑승객에게 제공하는 단순한 편의 서비스였다면 최근에는 전 세계로 뻗어가는 국제선 노선 망의 확충 및 외국항공사와의 동맹 협정으로 언어소통능력은 물론이고 고객의 서비스 욕구 증대에 따라 다양한 고객의 눈높이에 맞는 유연성 있는 서비스를 수행해야 하는 등 객실승무원의 역할이 점차 방대해지고 그 자율성 또한 확대되고 있는 추세이다.

다섯째, 항공서비스는 무형성이 강하여 제한적인 공간에서 승객에게 제공된 서비스에 대한 객관적인 품질을 평가하는 데 어려움이 있었으며 개인의 주관적인 기준이 적용되는 경우가 많았다. 이를 보다 객관적으로 측정하기 위한 도구로 신입 승무원들 대상으로 OJT 교육과 교육 이수 후 팀에 배속이 되면 6개월에서 1년간에 걸쳐 멘토로부터 서비스 및 안전, 업무 태도와 자세에 대한 지도와 조언을 받는 멘토링 제도를 운영하고 있다. 객실승무원들은 매 비행 근무가 종료되고 나면 디브리핑(debriefing)을 통해 해당 비행에 대한 결과보고와 평가를 실시하고 있고 연 2회 상·하위자 간의 쌍방향 커뮤니케이션을 통한 개인별 업적평가에서 승객으로부터 받은 칭송·불만 서신 항목을 점수화하여 기재하고 있으며 이것은 객실승무원의 직무수행 성과에 대한 중요한 측정 지표가 되고 있다.

항공기 내에서의 객실승무원의 근무는 일반적인 환경과는 달리 낮은 기압과 습도로 유지되는 제한된 공간에서의 밤낮 구분 없는 활동으로 이루어져 시차 문제로 발생할 수 있는 생체 리듬의 불균형 때문에 스스로의 건강을 유지하기 위한 철저한 자기 관리를 요한다. 장시간의 비행시간 동안 개인의 독립적인 공간 없이 지속적으로 승객에게 노출되는 근무 환경에서 객실승무원은 끊임없이 정서적인 활력을 유지하여야 하며, 다양한 정서와 감정을 개발하여 고객의 기대를 충족시키기 위해 노력해야 한다. 그 밖에 객실승무원은 20명 내외로 구성된 하나의 팀에 소속

되어, 기내에서 근무할 때는 물론 해외 체제 시에도 함께 체류하며 해당 팀장의 관리를 받게 된다. 팀의 효율적인 운영을 고려하여 개인의 근무연수와 자격요건에 맞추어 고른 업무가 배정되도록 짧게는 1년, 길게는 2년 간격으로 새로운 팀이 구성되고 그에 따른 객실승무원의 관리가 이루어지며 1개월 단위로 개인 스케줄을 배정받아 조직적인 형태로 근무하게 된다.

1) 비행 전 업무

출근확인(show up), 비행 필수 휴대품[여권, 비자, 사원신분증, 객실승무원 업무교범(com), 승무원 등록증, 기내방송 매뉴얼 등] 준비, 비행에 필요한 사전 정보[승객예약상황, 항공기 정보, 기상, 상용고객, 특별서비스 요청서(SHR, Special Handling Request), 최근 업무지시 및 공지사항 등]를 확인한다.

2) 객실 브리핑(cabin briefing)

모든 객실승무원은 해당 편 최선임 승무원(사무장)이 주관하는 객실 브리핑 장소로 정해진 시간에 참석하여 브리핑을 받아야 한다.

〈객실 브리핑 내용〉
① 승무원 소개
② 승무원 업무할당(duty assign)
③ 항공기 및 기상정보
④ 예약승객 현황 및 특별승객(special passenger) 현황
⑤ 노선별 클래스(class)별 서비스 절차 및 주의사항
⑥ 출입국 관련 주요 정보
⑦ 승무원 개인별 비행안전 및 보안사항 확인
⑧ 비상탈출 시 절차 확인

3) 합동 브리핑(joint briefing)

해당 편의 조종사 및 객실승무원이 정해진 시간과 장소에서 절차에 따라 해당 편 기장이 주관하는 브리핑이다.

〈합동 브리핑 내용〉

① 승무원 소개

② 항공기 정보

③ 출발지, 목적지, 비행 중 기상정보

④ 난기류 조우 시 행동지침 및 의사소통

⑤ 비상탈출 절차 및 의사소통 방법 확인

⑥ 기내 보안에 관련 내용

⑦ 기타 협조사항 상호 확인

4) 비행 전 점검

모든 승무원은 정해진 항공기에 정해진 시간 내에 탑승하여 항공기 운항 전 확인을 하여야 한다.

〈비행 전 점검사항〉

① 승무원 개인사물 정리

② 승무원별 지정된 구역의 비상, 보안, 의료, 화재진압 장비 확인(탑재위치, 수량, 작동 가능 여부 등 확인)

③ 객실설비의 사용 가능 여부 확인

④ 항공기 도어 및 슬라이드 모드 확인

⑤ 객실 좌석 및 선반, 화장실, 주방(galley) 확인

⑥ 객실 서비스 장비 및 품목 탑재량 확인

⑦ 이상 유무 사무장 보고

⑧ 객실 서비스 준비 및 세팅

5) 승객 탑승(passenger boarding)

승객 탑승 시 객실승무원은 제한된 시간 내에 모든 승객과 수하물을 정해진 좌석과 위치로 안내하여야 하며, 승객과 최초로 대면하는 시기이므로 최대한 공손하고 친절한 자세로 안내하여야 한다.

〈승객 탑승 시 업무 내용〉

① 각 승무원별 업무(duty)에 맞는 장소에서 환영인사 실시

② 승객의 탑승권 내용(성명, 편명, 좌석번호, 탑승일자) 확인

③ 좌석안내 및 수하물 정리

④ 특이상황 발생 시 문제해결(중복좌석, 좌석이동 등)

⑤ 비상구 열 브리핑

6) 기내안전 시연(safety demonstration)

모든 항공기는 이륙 전에 안전에 관련된 내용을 탑승객에게 반드시 시연하여야 한다. 시연은 비디오나 객실승무원이 직접 시연한다.

〈기내안전 시연 내용〉

① 비상구 위치 소개

② 좌석벨트 착용법 및 해체방법 소개

③ 산소마스크 사용법

④ 구명복 착용법

⑤ 전자기기 사용법 및 기내 금연 내용 소개

⑥ 안내카드 사용법 소개

⑦ 시연 종료 후 승객 개인별 좌석벨트 착용 확인

7) 이륙 전 업무

객실승무원은 이륙 전에 모든 승객의 안전과 그 외의 상황을 반드시 확인하여야한다.

〈이륙 전 업무 내용〉

① 전 승객의 좌석 착석과 벨트 상태

② 좌석 등받이, 접이식 테이블 원위치

③ 휴대 수하물 고정상태

④ 비상구 열 승객 브리핑

⑤ 모든 서비스 물품 고정상태 확인

⑥ 화장실 내 승객 유무 확인

⑦ 전원 및 객실조명 상태 조절

8) 비행 중 업무

① 비행 중 난기류(turbulence) 조우 시 기내방송 및 승객안전 확보

② 조종실 주변 청정구역 유지

③ 기장과 의사소통 유지

④ 음료 및 식사 서비스, 기내판매 서비스

⑤ 출입국 관련 정보 전달 및 서류 작성 서비스

⑥ 엔터테인먼트 서비스

9) 착륙 전 업무(beforelanding)

객실승무원은 착륙 전에 모든 승객의 안전과 그 외의 상황을 반드시 확인해야
한다.

〈착륙 전 업무 내용〉

① 전 승객의 좌석 착석과 벨트 상태

② 좌석 등받이, 접이식 테이블 원위치

③ 휴대수하물 고정상태

④ 모든 서비스 물품 고정상태 확인

⑤ 화장실 내 승객 유무 확인

⑥ 전원 및 객실조명 상태 조절

10) 착륙 후 업무

① 환송(farewell)방송

② 출입문 탈출 미끄럼대 위치(door slide mode)변경 및 출입문 개방

③ 지상직원과 서류 인계

④ 승객 하기 및 잔류 승객 유무 확인

⑤ 유실물 확인 및 기내 보안점검 및 이상 유무 보고

⑥ 비행 중 특이사항 관련 리포트 작성 및 제출

2 항공 객실승무원의 자질

인적 서비스에 많은 부분을 의존하고 있는 항공서비스 분야는 객실승무원의 역할이 무엇보다 중요하다. 특히 항공기 내라는 특수한 공간에서 일어나는 여러 가지 예기치 못한 상황에 대한 즉각적 판단과 문제해결능력은 고객이 지각하게 되는 서비스 품질에 직접적인 영향을 미친다. 따라서 승객을 안전하고 편안하고 모시는 역할을 잘 수행하기 위해서는 다양한 역량이 요구된다. 객실승무원에게 필요한 역량은 개인적 특성(personal traits), 자기관리능력(self-concept), 대인관계능력(human-relation ability), 상황대처능력(situation settlement ability), 직업적 특성(professional traits), 전문적 지식과 스킬(professional knowledge & skills)로 나눠볼 수 있으며, 세부사항은 다음과 같다.

1) 개인적 특성(personal traits)

① **적극성**(aggressiveness)

일이나 인간관계에 대하여 능동적이며, 업무 수행 시 열정을 가지고 한다.

② **주도성**(initiative)

요구하는 이상으로 일을 잘 하고자 하며, 업무성과를 향상시키고자 노력한다.

③ **정확성**(accuracy)

업무 수행 시 기준과 원칙대로 정확하고 일관성 있게 수행한다.

④ **섬세함**(delicacy)

사소한 것까지도 섬세하게 파악하여 배려해서 행동한다.

2) 자기관리능력(self-concept)

① **자신감/자기확신**(self-confidence)

업무 수행 시 자신감과 긍지를 가지며, 업무 추진 시 소신 있게 능동적으로 처리한다.

② **자기조절**(self-control)

스트레스 상황하에서도 자신의 감정을 잘 조절하고 컨트롤하며 자제할 수 있다.

③ **자기관리**(self-management)

승무원다운 용모와 이미지로 자기관리를 철저히 한다.

비행근무에 무리가 없도록 신체적 건강상태를 유지하려고 노력한다.

3) 대인관계능력(human-relation ability)

① **팀워크/협력**(coordination)

관련 부서나 팀원들과 화합하여 일을 잘 수행한다.

② **친화력**(affinity)

상대에게 상냥하고 편안하게 배려하여 사람들과 우호적인 관계를 형성하려고 한다.

③ **리더십**(leadership)

승객과 팀원들을 잘 리드하며, 후배들을 격려하고 잘 지도한다.

4) 상황대처능력(situation settlement ability)

① **통찰력/판단력**(judgement)

전체적인 상황을 잘 판단하여 대처해 나간다.

② **순발력**(readiness/speed)

갑작스런 상황에도 당황치 않고 민첩하게 대처한다.

위기상황에서도 문제해결을 잘 한다.

③ **유연성/융통성**(flexibility)

다양한 상황이나 사람에 대해서 유연하게 적용한다.

상황에 따라 융통성을 가지고 대처한다.

5) 직업적 특성(professional traits)

① **고객지향성**(customer-oriented)

고객지향적인 사고로 업무를 수행한다.

고객의 요구를 충분히 파악하고 서비스를 제공한다.

② **책임감**(responsibility)

자신이 맡은 바 임무를 성실히 수행한다.

고객이 불만족할 때 스스로 해결하려고 한다.

③ **조직헌신**(organization royalty)

주인의식과 사명감으로 조직에 헌신한다.

조직의 목표와 방침을 수용하고 적극 실천한다.

6) 전문적 지식과 스킬(professional knowledge & skills)

① **전문적 지식**(knowledge)

항공사 전반에 관한 지식을 충분히 가지고 있다.

서비스 관련 업무를 충분히 숙지하고 있다.

② **외국어능력/국제적 감각**(global sense)

외국인 승객과의 의사소통을 원활하게 할 수 있다.

타 문화에 대한 지식과 국제적인 감각을 가지고 있다.

③ **준비성**(preparation)

비행 전 관련 정보를 수집하고 준비한다.

비행 전 업무지시나 필요사항을 미리 점검한다.

항공 객실승무원의 자질 평가

평가 항목	평가 점수
서비스가 무엇인지 설명할 수 있다.	
승객의 중요성에 대해 설명할 수 있다.	
승객과 객실승무원의 관계에 있어서 가장 중요한 것이 무엇인지 설명할 수 있다.	
객실승무원이 승객에게 진정한 관심을 표현할 수 있는 방법을 알고 있다.	
건강을 위해 일정한 운동을 하고 있다.	
매일 규칙적인 생활을 하고 있다.	
객실승무원의 기준에 맞는 일정한 체중을 유지하고 있다.	
몸과 마음이 모두 건강하다.	
객실승무원에게 이미지메이킹의 중요성을 알고 있다.	
평소 호감 가는 인상이라는 말을 듣는다.	
타인에게 비친 내 모습을 신경 쓰는 편이다.	
표정이야말로 전 세계의 모든 사람에게 통용되는 국제적 언어라고 생각하며 밝은 표정 연출을 위해 노력한다.	
나의 감정이 얼굴에 나타나는 것을 절제할 수 있다.	
상대방과 대화할 때 이야기 내용뿐 아니라 표정이나 태도에도 신경을 쓰는 편이다.	
객실승무원에게 품위 있고 세련된 자세와 동작이 요구됨을 알고 있다.	

평가 항목	평가 점수
평소 인간관계를 중히 여긴다.	
여러 사람들과 개인적인 친분을 쌓는 것을 즐긴다.	
처음 본 사람의 성향도 쉽게 파악할 수 있다.	
처음 만난 사람과도 쉽게 친해진다.	
사람들과 함께 있을 때 좋은 분위기를 이끌 수 있다.	
누구를 만나도 상냥하고 예의 바른 태도를 취한다.	
여러 사람들과 대화를 나누는 것이 즐겁다.	
어떠한 집단에 속해도 잘 어울릴 수 있다.	
나 자신보다 타인을 배려하려고 노력한다.	
상대방의 필요를 누구보다 잘 감지한다.	
상대방의 말과 상황을 쉽게 공감할 수 있다.	
작은 약속도 반드시 지키려고 노력하며 시간약속에 철저하다.	
외국인과의 만남에서 바람직한 국제매너와 기본적인 회화로 응대할 수 있다.	
서양의 문화를 이해하고 포용할 수 있다.	
국제화 시대에 부응하여 국제적인 승무원이 지녀야 할 기본 소양에 대해 알고 있다.	
뉴스와 시사에 관심이 있으며 즐겨보는 특정 신문이 있다.	
어려운 상황에서도 적극적으로 문제를 해결하려는 의지가 있다.	
판단력이 빠르며 신속하게 문제를 해결할 수 있다.	
뚜렷한 목표와 실행 의지가 있다.	
팀의 목표를 위해 나를 희생할 마음이 있다.	
매사에 긍정적이며 평소 자신이 행복하다고 생각한다.	
창조적인 아이디어로 주어진 일을 개선하려는 의지가 있다.	

항공 객실승무원 기내서비스 평가

분류	평가 항목	평가 점수
규정 준수	서비스 절차는 최신 내용을 숙지하여 매뉴얼을 준수하며 진행하였는가	
서비스 누락	고객 관련 승무원 간 정보를 공유하고 메모패드 등을 활용하여 손님의 요청사항이 누락되지 않도록 서비스하였는가	
자기관리	기내 업무 시 승무원 간 경어를 사용하며 GLY 소음에 주의하는가	
Service	기내 식음료는 음료의 특성에 맞게 최상의 상태로 준비해 제공하며 수시 walk-around 실시로 쾌적한 기내환경을 유지하는가	
Safety	Briefing 시 객실승무원 업무교범을 최신 개정상태로 유지하며 관련 내용을 숙지하고 있는가	
Safety	10,000ft 이하 비행중요단계 규정을 준수하며 승객 하기 후 안전 및 보안점검을 적절히 수행하였는가	
Safety	운항 중 Turbulence 등 각종 emergency 상황 발생 시 규정에 의거 적절하게 대처하였는가	
Safety	운항 전 비상장비 및 보안장비의 pre-flight chk를 규정에 의거 실시하고 배정된 zone의 보안점검을 실시하였는가	

3 항공 객실승무원 직급체계

항공 객실승무원은 직급과 운항 노선, 기종에 따라서 임무와 서비스 내용이 다르게 적용된다. 객실승무원의 직급체계는 항공사마다 다른 체계를 가지고 있으며 직급에 따른 직급 명칭을 사용하고 있다. 대한항공과 아시아나항공은 객실승무원의 직급체계를 6단계로 구분하며 남승무원의 경우, 신입승무원은 5급부터 시작되며, 여승무원의 경우 초대졸 졸업자인 6급과, 4년제 대학을 졸업한 5급으로 구분한다. 6급에서 5급은 2년이 지난 후 자동 승격되며 5급에서 4급은 3년 후 근무평가와 회사에서 정한 진급평가에 의거하여 진급이 이루어지고, 4급에서 3급 진급은 3년이 지난 후 진급평가에서 우수한 자격을 갖춘 사람에게 기회가 주어지며 3급에서 2급 승격은 4년 후, 2급에서 1급 승격 역시 4년 후 진급평가를 통해 이루어진다.

1) 대한항공 객실승무원의 직급체계

일반직 직급	내용	승무원 직급	영문 직급	영문 약자	근무 연한
이사		수석사무장	Chief Purser	CP	
부장	객실승무 1급	수석사무장	Chief Purser	CP	3년
차장	객실승무 2급	선임사무장	Senior Purser	SP	4년
과장	객실승무 3급	사무장	Purser	PS	4년
대리	객실승무 4급	부사무장	Assistant Purser	AP	3년
사원	객실승무 5급	남·여 승무원	Flight Attendant	SD/SS	3년
사원	객실승무 6급	여승무원	Flight Attendant	SS	2년
수습사원		수습승무원	Flight Attendant	SS	3개월

2) 아시아나항공 객실승무원 직급체계

일반직	캐빈승무원 직급	영문 직급	근무 연차
차장	수석 매니저	Chief Purser	12년 이상
	선임 매니저	Senior Purser	
과장	캐빈 매니저	Purser	8년 이상
대리	부사무장	Assistant Purser	7년 이상
사원	퍼스트 선임 승무원	Fs Sr STWS	6년 이상
	비즈니스 선임 승무원	S Sr STWS	4년 이상
	시니어 승무원	Sr STWS	2년 이상
	주니어 승무원	Jr STWS	1년 이상
	수습 승무원	OJT 승무원	교육 수료 후 3개월

4 항공 객실승무원 직무훈련

항공사 객실승무원의 교육훈련 목적은 서비스 마인드 함양과 비행실무에서 요구되는 기술과 능력을 갖춘 객실승무원 양성에 있다. 이러한 교육훈련은 현장에서 어떤 교육훈련이 필요하고 보완되어야 하는지를 숙지하고 있는 현장 근무자가 교육훈련자로 훈련에 참여하고 있다.

객실승무원 직무교육은 과정을 통하여 직무를 원활히 수행할 수 있도록 업무지식, 기술태도 등을 배양하는 내용의 교육훈련을 이수하게 된다. 국내선 업무과정이 끝나게 되면 국제선에 탑승하게 된다. 국적항공사의 경우 입사 후 처음 받게 되는 신입전문훈련을 시작으로 서비스실무와 안전·보안 훈련, 각 소속 그룹별 팀워크 강화 훈련 등 많은 종류의 교육훈련이 과정별 순서대로 혹은 필요시 정기적으로 끊임없이 이어지며, 각 과정별 사전 시험 및 종료 시험을 통과하여야 하며, 시험에 통과하지 못할 경우 벌점이 부과되는 것이 특징이다. 객실승무원에 대한 교육훈련은 업무의 동질성으로 인하여 대부분의 항공사가 유사한 형태로 이루어진다. 그러나 미국 및 유럽계의 항공사들은 주로 안전교육과 협동심에 치중하여 실시하는 것이 특징이고, 동양의 항공사들은 안전과 더불어 서비스 교육을 강조하고 있으며, 비교적 교육투자기간도 상대적으로 긴 편이다.

1) 항공 객실승무원 신입 직무교육

① 기본예절 및 인성함양

객실승무원으로서의 인성을 다지게 하는 중요한 교육과정으로서 직업관과 서비스 마인드 함양, 조직 내에서의 융화와 팀워크 등이 주된 교육내용이다.

국제 매너와 서비스자세 등 확고한 직업의식을 가지고 충실히 임무를 수행할 수 있는 서비스 예절과 승무원으로서 갖춰야 하는 올바른 인성을 습득하게 한다.

② 객실 안전 훈련

항공사 객실승무원들에게는 친절한 서비스도 중요하지만 보다 중요한 것은 비상사태 발생 시 신속하게 대처, 승객들의 안전을 지켜내는 일이다. 이에 대한 훈련은 한 치의 소홀함이나 요령도 허용하지 않는다. 신입 승무원으로 처음 입사하면 4주간 안전훈련을 이수한 후, 수료증을 받아야만 승무원으로서 비행할 수 있는 자격이 주어진다. 각종 항공기의 객실 구조에 대한 이해와 제반 기내 시설에 대한 사용법과 도어(Door)작동 능력을 갖추도록 하고, 항공기 내 비상장비 및 시스템에 대한 올바른 사용과 필요시 비상착륙과 비상착수 절차 및 요령을 습득한다. 이는 법적으로 요구되는 과정으로 필기 및 실기 테스트를 통과해야 한다. 또한 객실승무원이 된 후에도 매년 정기적으로 안전훈련을 받아야 하는 데, 이 역시 법정 과정으로 이수하지 못하면 비행 자격을 상실하게 된다.

이렇듯 국적 항공사들의 객실훈련원은 객실승무원의 교육훈련에 대해 국제적인 잣대로 엄격한 수준을 유지하고 있고, 대한항공의 경우 대한항공이 속한 세계 항공 동맹체인 스카이팀(Sky Team)과 코드셰어(code share) 항공사들의 안전점검을 통해서도 이를 인정받고 있다.

③ 항공 운송 업무 이론

항공사 관련정보를 분석하고 숙지하여 항공기 객실승무원으로서의 지적 능력의 향상을 가질 수 있도록 지식을 익히며, 항공운송업의 특성인 예약, 발권, 운송, 운항 등을 이해함으로써 유기적이고 원활한 업무수행을 할 수 있도록 한다. 객실승무원으로서 알아야 할 제반 승무 규정을 숙지하고 기내서비스 내용 및 절차를 익힌다.

④ 기내서비스 실무

항공사 객실승무원으로서 숙지하여야 할 실무 지식에 관한 전반적인 개요를 서비스 순서(service procedure)별로 내용을 습득한다.

항공기 객실에서 이루어지는 여러 가지 서비스의 방법과 기물 취급 요령을 익히고 실제 비행에 적용하는 실습을 함으로써 기내에서 예의 바르고 올바르게 업무를 수행할 수 있도록 하여 실제 비행과 동일한 상황에서 전 과정에서 익힌 예절과 제반 업무를 종합적으로 적용 · 실습할 수 있도록 한다.

⑤ 외국어 교육

영어와 일어회화능력을 향상시키기 위하여 멀티미디어와 인터넷 학습 프로그램을 활용하고 수업은 롤플레이(role-play) 방식으로 진행하여 비행 중 다양한 상황에서 외국인을 대상으로 원활히 의사를 전달할 수 있는 의사소통능력을 배양한다.

⑥ 기내방송

객실서비스의 일부인 기내방송을 위하여 방송기제 사용을 숙지하고 집중적인 한국어, 영어, 일어 등의 발음교정과 목소리 톤 조절교육을 통해 방송 내용과 표현을 학습하고 정확하고 매끄러운 기내방송능력을 개발한다.

⑦ 비행실습

훈련 과정 중에 선배들의 도움과 지원을 받아 2주간 실시하는 국내선 비행실습교육이다. 실제의 기내서비스 경험을 훈련하면서 기내서비스를 배우고, 항공기 내부구조나 장비에 익숙하도록 하기 위한 비행전문교육이다.

 항공 객실승무원 신입 직무교육

교육 과정	교육 내용

기본예절 및 인성함양	• 기본예절
	  (미소, 표정관리, 자세, 대화예절, 인사예절)
	• 용모와 복장
	  (메이크업, Hair-do, Appearance)
	• 매너와 에티켓
	• 서양문화의 이해
	• 객실승무원의 서비스 마인드
	• 팀워크훈련

교육 과정	교육 내용
객실 안전 훈련 및 항공의무	• 수영 • Door Escape system 작동법 • 비행기종별 구조 • 비상탈출 훈련(착륙, 착수, Survival & Rescue) • 화재진압 훈련(화재예방법, 소화기 사용법 등) • 응급환자 처치법(구급함, First aid kit, CPR) • 항공보안(항공보안 개요, 보안장비 종류, 사용법) • 산업재해 예방법
항공 운송 업무 이론	• 승무기준과 요령 • 근무규정 및 회사조직의 이해 • 항공상품 이해 • 항공법의 이해 • 운항 규정 • 항공 업무의 이해 • SVC 상품 지식 • 항공권의 이해 • 출입국 규정
기내서비스 실무	• Alcohol Beverage Service • Meal & Beverage Service • 기내서비스 아이템 사용법 • 면세품 판매 • 고객응대 기법 • 대화 기법
외국어 교육	• 기내 영어회화 • 기내 일어회화
기내방송	• 발음 교정법 • 방송기법 • 영어, 일어, Emergency 방송
비행 실습	• 비행실무 국내선 OJT 교육

2) 항공 객실승무원 상위클래스 교육

신입 안전교육과 서비스교육을 이수한 승무원은 국제선 비행을 할 수 있는 자격이 주어지며 국제선 비행 경력이 최소 1년 이상이 되면 상위클래스 교육의 기회가 주어진다. 상위클래스는 국제선 퍼스트 클래스와 비즈니스 클래스로 구분하며, 상위클래스 서비스에 적합한 서비스 내용과 스킬을 배운다.

구체적으로 상위클래스에서 제공하는 코스별 식사의 조리법과 카트차림, 서양식의 이해, 와인의 종류와 서비스 방법, 상위클래스의 서비스 절차, 글로벌에티켓, 기내 기물 사용법, KALPOS 및 기내 판매 상품의 이해, 고객응대 매너, 상위클래스 고객 이해 등에 대한 전반적인 교육을 받는다. 이러한 교육과정을 이수하고 최종평가를 통해 기준점에 합격하면 상위클래스에서 일할 수 있는 자격과 코드를 부여받는다.

3) 항공 객실승무원 사무장 교육

사무장 교육은 신임 팀장 전문훈련과 신임 부팀장 전문훈련을 구분하여 리더십교육과 국내선 비행단계별 표준화된 사무장 업무수행 절차, 고객 칭송/불만 Case Study, Ire 상황대처 요령, 객실관리자의 역할, 객실서비스 과제와 실천방향 교육을 통해 팀장/부팀장의 역할인식, 유관업무 숙지, CS리더의 이미지메이킹 전략, 리더의 다짐 등의 훈련을 받는다. 경영일반과정에서는 관리자로서 필요한 인사조직 관리 기본 자질 함양과 회사전략 방향에 부흥하는 중간관리자로서의 리더십을 배양하는 교육을 받는다.

4) 정기보수교육

정기보수교육으로는 회사가 객실승무원의 교육이 필요하다고 판단되었을 때 수시로 이루어지며 서비스 교육, 고객만족 등 교육과정별로 교육을 진행한다. 정기안전훈련은 신입안전훈련을 이수한 후 객실승무자격을 유지하기 위해 필요한 교육으로 12개월 기준으로 훈련 적격 기간 내에 이수해야 한다. 훈련내용은 비상탈출 시 행동절차, 비상장비 사용법, 도어작동방법, 응급처치법 등이며 이론과 실무 테스트에 통과되어야 비행자격을 유지할 수 있다. 만일 테스트에 불합격하게 될 경우 비행자격이 상실되며 기간 내에 재교육을 받아 안전훈련에 통과해야 한다. 방송현장 교정훈련은 능숙하고 세련된 방송을 위해 객실서비스 품질 향상을 위한 교정훈련으로 훈련원 본부에서 상시로 실시하고 있다. 팀워크 강화훈련은 팀워크 강화 및 확립을 위해 팀장과 팀원 간 원활한 의사소통, 팀별 고객 칭송ㆍ불만 사례연구, 객실본부의 목표와 전략 이해, 서비스 계획 등의 교육을 받는다.

02

항공사
분석

항공사 분석

항공사에 대한 자료를 분석하는 것은 객실승무원 지원자로서 필수사항이다. 지원하는 회사에 대한 정보를 충분히 숙지하는 것은 회사에 대한 관심도와 입사 열의를 판단할 수 있는 기준이 된다. 면접관은 자신이 지원하는 회사에 대해 아무런 지식도 없이 면접에 응하는 지원자를 성의가 없다고 여기며 입사 의지 또한 신뢰하지 못할 것이다. 회사 입장에서는 회사에 대한 관심도가 높은 지원자가 더 적극적이며 오래 근무하리라 생각하는 것은 당연한 이치이다. 또한, 지원하고자 하는 항공사를 분석해야만 그에 맞은 전략과 전술이 나온다. 항공사를 분석한 자료를 바탕으로 입사지원서를 작성하며 면접 시 답변에도 활용하도록 한다. 지원회사에 대해 알아두어야 할 사항은 회사의 연혁, 대표이사, 경영이념, 취항 도시, 보유 항공기, 서비스 내용, 사회활동, 인재상, 최근 뉴스, 현재 광고 등이다. 항공사 분석과 함께 그에 대한 지원자의 생각을 정리해 놓는다면 면접을 준비하는 데 많은 도움이 될 것이다.

1 대한항공 (대한항공 홈페이지 참고)

세계 항공업계를 선도하는 글로벌 항공사로서, 대한항공은 신규 노선 개척 및 해외영업 강화를 바탕으로 글로벌 네트워크를 지속적으로 확대하고 있으며, 이를 통해 전 세계에 대한민국의 위상을 높이는 데 핵심적인 역할을 수행해왔다.

대한항공은 'Excellence in Flight'라는 미션 아래 시장 변화와 고객 니즈에 신속하고 유연한 대응을 통해 경쟁력을 강화함으로써 지속 가능한 성장을 추구하여 항공업계의 리더로 자리매김하기 위해 노력하고 있다.

1) 개요

회사명	(주)대한항공
회장 / 대표이사	조양호(1999~) / 지창훈
창립일	1969년 3월 1일
사업부문	여객, 화물, 항공우주, 기내식, 기판
항공기 보유대수	총 154대
운항노선	전체 43개국 120개 도시 국내선 13개 도시 국제선 42개국 107개 도시

2) 비전 & 미션

① 비전-세계 항공업계를 선도하는 글로벌 항공사

② 미션-Excellence in Flight

3) 심벌마크 & 로고

대한항공 심벌마크는 태극문양을 응용하여 역동적인 힘을 표현하고, 프로펠러의 회전 이미지를 형상화하여 강력한 추진력과 무한한 창공에 도전하는 대한항공의 의지를 나타낸다.

대한항공의 로고는 영문회사명에 심벌마크를 포함하여, 대한항공의 역할과 기업이념을 표현했다.

4) 직원현황

(2017년 기준)

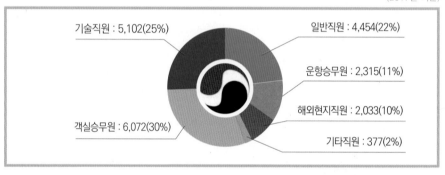

기술직원 5,102[25%], 일반직원 4,454[22%], 운항승무원 2,315[11%], 해외현지직원 2,033[10%], 객실승무원 6,072[30%], 기타직원 377[2%]

5) 항공기 보유

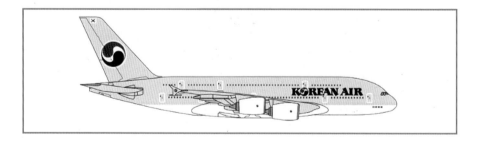

① A380-800

② A330-200/300

③ A220-300

④ B787-9

⑤ B777-200ER/300/300ER

⑥ B747-8i

⑦ B737-8/800/900/900ER

6) 취항지

 국내선

	도시(여객기)	도시 수
한국	인천, 서울/김포, 부산, 제주, 대구, 광주, 청주, 군산, 울산, 진주/사천, 여수/순천, 포항	13

국제선

2016년 6월 1일 기준

	도시(여객기)	도시수
일본 노선	아오모리 Aomori 후쿠오카 Fukuoka 가고시마 Kagoshima 고마쓰 Komatsu 나고야 Nagoya NRT 니가타 Niigata 오카야마 Okayama 오키나와 Okinawa 오사카 Osaka 삿포로 Sapporo 도쿄(하네다) Tokyo(Haneda) 도쿄(나리타) Tokyo(Narita)	
중국/대만 노선	베이징 Beijing 창사 Changsha 다롄 Dalian 광저우 Guangzhou 구이양 Guiyang 홍콩 Hong Kong 허페이 Hefei 지난 Jinan 쿤밍 Kunming 무단장 Mudanjiang 난닝 Nanning 칭다오 Qingdao 상하이 Shanghai 선양 Shenyang 선전 Shenzhen 톈진 Tianjin 툰시 Tunxi 우루무치 Urumqi 웨이하이 Weihai 우한 Wuhan	

	도시(여객기)	도시수
중국/대만 노선	샤먼 Xiamen 시안 Xian 옌지 Yanji 옌타이 Yantai 정저우 Zhengzhou 타이베이 Taipei	
동/서남아시아 노선	방콕 Bangkok 세부 Cebu 치앙 마이 Chiang Mai 콜롬보 Colombo 다낭 Da Nang 발리 덴파사르 Bali Denpasar 하노이 Hanoi 호찌민 Ho Chi Minh City 자카르타 Jakarta 카트만두 Kathmandu 쿠알라룸푸르 Kuala Lumpur 몰디브 말레 Maldives Male 마닐라 Manila 뭄바이 Mumbai 나트랑 Nha Trang 팔라우 Palau 프놈펜 Phnom Penh 푸껫 Phuket 시엠립 Siem Reap 싱가포르 Singapore 타이베이 Taipei 양곤 Yangon 가오슝 Kiohsiung	
미주 노선	애틀랜타 Atlanta 시카고 Chicago 달라스 Dallas 디트로이트 Detroit 호놀룰루 Honolulu	

	도시(여객기)	도시수
미주 노선	휴스턴 Houston 라스베이거스 Las Vegas 로스앤젤레스 Los Angeles 뉴욕 New York 샌프란시스코 San Francisco 시애틀 Seattle 워싱턴 D.C. Washington D.C. 상파울로 Sao Paulo 토론토 Toronto 밴쿠버 Vancouver	
유럽 노선	암스테르담 Amsterdam 프랑크푸르트 Frankfurt 이스탄불 Istanbul 런던 London 마드리드 Madrid 밀라노 Milan 파리 Paris 프라하 Prague 로마 Rome 비엔나 Vienna 취리히 Zurich	
중동/아프리카 노선	두바이 Dubai 아부다비 Abu Dhabi 제다 Jeddah 리야드 Riyadh 텔아비브 Tel Aviv	
대양주/괌 노선	오클랜드 Auckland 브리즈번 Brisbane 피지 나디 Fiji Nadi 시드니 Sydney 괌 Guam 타히티 Tahiti	

7) 사회공헌 활동

① 기업의 사회적 책임

- 중국 꿈의 도서실 기증 : 중국 지역 사회공헌 프로젝트인 애심계획(愛心計劃)의 일환으로 2010년부터 빈곤지역 초등학교를 대상으로 도서실을 만들어 기증하고 있다.
- 사랑의 집짓기 해비타트 운동 : 2001년부터 한국 해비타트와 파트너십을 맺고 무주택 서민을 위한 '사랑의 집짓기' 행사에 참여하고 있다.
- 하늘사랑 영어교실 : 2008년부터 매년 인천국제공항 인근 '용유초등학교' 학생들을 대상으로 영어를 가르쳐주고 있다.
- 유방암 예방 핑크 리본 캠페인 : 매년 10월, '유방암 인식 향상의 달'을 맞아 유방암 예방의 상징인 핑크 리본을 달고, 여성 탑승객들에게 유방암 자가진단 카드를 배포하는 등 캠페인을 전개하고 있으며, 객실승무원들은 자체 모금을 통해 암협회에 전달하는 기부활동을 펼치고 있다.
- 사랑의 연탄 나눔 : 2009년부터 어려운 이웃을 위해 사단법인 '따뜻한 한반도 사랑의 연탄 나눔운동'에 연탄을 기증하고, 그중 일부를 직접 배달해 이웃 사랑을 실천하고 있다.
- 1사 1촌 자매 결연 : 강원도 홍천군의 명동리 마을과 1사 1촌 자매결연을 맺고 있으며, 대한항공 직원으로 구성된 자원봉사자들이 직접 방문해 마을시설 보수 및 농촌 일손돕기 등 노력 봉사와 어르신들의 건강검진 등 의료봉사 활동을 펼치고 있다.

② 재난 구호 활동

- 2005년 미국 남부, 허리케인 카트리나 피해 지원
- 2008년 중국 쓰촨성, 지진 구호물품 전달
- 2011년 일본, 지진 피해 지원
- 2013년 필리핀, 태풍 하이엔 피해 구호물품 지원

③ 교육을 통한 인재육성

④ 문화/예술/스포츠 후원

8) 수상내역

① 한국 글로벌경영협회 주관, 일본능률협회컨설팅 후원 '2016년 글로벌고객 만족도(GCSI) 평가'에서 항공여객운송서비스부문 12년 연속 1위 수상(2016.6.30.)

② 항공이용 승객들의 트위터상에서 '가장 사랑받는 항공사' 1위 선정 (2016.2.27.)

③ 세계 최고 항공사 와인 경연대회(2015 Cellars In The Sky Award)에서 종합 3위, 퍼스 트클래스 부문 3위 수상(2016.2.23.)

④ '2015 Russian Business Travel & MICE Award' 시상식에서 비즈니스 여행객 최고 항공사 부문 2위(2015.10.6.)

⑤ 일본능률협회컨설팅 주관 '2015 글로벌고객만족도(GSCI) 인증식'에서 항공여 객운송서비스부문 11년 연속 1위 수상(2015.6.19.)

⑥ 방위사업청 주최 '2014 국방품질경영상 시상식'에서 대통령상 수상(2014.11.27.)

⑦ 태국 방콕에서 열린 〈A380 기술 심포지엄〉에서 'A380 항공기 최우수 운항 상' 수상(2014.11.21.)

⑧ 국내 최고권위 '2014 대한민국 광고대상'에서 '내가 사랑한 유럽 TOP10' 캠 페인으로 TV 부문 대상 등 3개 부문 수상(2014.11.12.)

⑨ 일본능률협회컨설팅 주관 '글로벌고객만족도(GCSI)' 기업조사에서 항공여객 서비스부문 10년 연속 1위 선정(2014.7.4.)

⑩ '제21회 올해의 광고상' 시상식에서 '어디에도 없던 곳 인도양으로' 광고 인 쇄부문 최우수상 수상(2014.4.16.)

⑪ 한국생산성본부가 주관하는 2014 국가고객만족도(NCSI) 조사에서 국제항공 부문 1위 선정(2014.4.2.)

⑫ '제22회 소비자가 뽑은 좋은 광고상' 시상식에서 '내가 사랑한 유럽 TOP10' 과 '어디에도 없던 곳 인도양으로' 캠페인으로 각각 인쇄 부문과 TV 부문에 서 문화체육관광부장관상과 좋은 광고상 수상(2014.4.2.)

9) 국제 항공동맹 스카이팀

대한항공은 2000년에 탄생한 글로벌 얼라이언스 '스카이팀'의 창립 멤버이다. 현재 20개 회원사로 구성된 스카이팀은 전 세계 179여 개국 1,057개 도시로 매일 16,270여 편의 항공편을 운항하며, 고객의 여행이 보다 편안해질 수 있도록 최선을 다하고 있다.

 스카이 팀 회원사

Aeroflot, Aerolineas Argentinas, Aeromexico, Air Europa, Air France, Alitalia, China Airlines, China Eastern Airlines, China Southern Airlines, CSA Czech Airlines, Delta Air Lines, Garuda Indonesia, Kenya Airways, KLM Royal Dutch Airlines, Korean Air , Middle East Airlines, Saudia Airlines, Tarom Romanian Air Transport, Vietnam Airlines, Xiamen Airlines

10) 인사철학

"기업은 곧 인간"

- 사람은 회사의 소중한 자원이다.
- 회사의 발전은 사람을 통해서 이루어진다.
- 회사와 사람의 동시 발전을 추구한다.

① 인사원칙

| 자율과 책임 존중 | 창의성과 도전정신을 중시 | 열린 인사 | 역량과 성과 중시 |

② 인재상 : KALMANSHIP

- 진취적 성향의 소유자

  항상 무엇인가를 개선하고자 하는 의지를 갖고 변화를 통해 새로운 가치를 창조해 내고자 하는 진취적인 성향의 소유자

- 국제적인 감각의 소유자

  자기중심사고를 탈피하여 세계의 다양한 문화를 이해할 수 있는 세계인으로서의 안목과 자질을 갖춘 국제적인 감각의 소유자

- 서비스 정신과 올바른 예절을 지닌 사람

  단정한 용모와 깔끔한 매너, 따뜻한 가슴으로 고객을 배려하는 올바른 예절을 지닌 사람

- 성실한 조직인

  작은 일이라도 책임감을 가지고 완수하며 원만한 대인관계를 유지해 나가는 성실한 조직인

- Team Player

  같이 일하는 동료의 의견을 경청하고 화합하여 업무를 수행할 수 있는 사람

11) 대한항공의 특별 서비스

① **한가족 서비스** : 장거리 여행이 익숙하지 않은 고객께서 보다 편안하게 여행할 수 있도록 돕는 안내 서비스

② **비동반 소아**(UM: Unaccompanied Minor) 서비스 : 혼자 여행하는 어린이가 출발지 공항에서 탑승권을 받는 순간부터 도착지 공항에서 보호자를 만나기까지 안전하게 여행할 수 있도록 돕는 서비스

③ **시각/청각 장애인 고객을 위한 서비스** : 시각/청각 장애인 고객의 편리하고 안전한 여행을 위해 전담 직원이 안내하는 서비스로, 필요시 추가요금 없이 인도견을 제공하는 서비스

④ **항공침대**(Stretcher) **서비스** : 기내에서 앉은 자세로 여행할 수 없는 승객을 위한 서비스

⑤ **특별 기내식** : 건강(각종 질병 및 특정 식품에 대한 알레르기 등), 종교, 연령 등의 이유로 정규 기내식을 못 드시는 승객을 위해, 요청에 따라 다양한 특별 기내식을 제공하는 기내서비스

⑥ 그 외 반려동물 서비스, 휴대용 편의용품 서비스, Wake-up 서비스, 기내 오락 서비스 등 다양한 서비스를 제공하고 있다.

2 **아시아나항공**(아시아나 홈페이지 참고)

금호아시아나 그룹계열의 항공운송업무로 1988년 서울항공(주)으로 설립하였으며, 1997년 지금의 상호로 변경하였다. 주요 사업은 국내외 항공 운송과 항공기 제조 및 정비, 수리 등이다.

아시아나항공은 최고의 서비스를 통한 고객만족을 핵심 역량으로 정하고, 업계 최고 1등의 기업 가치를 창출하는 아름다운 기업으로서의 역할을 다하고자 끊임없는 노력을 기울이고 있다.

1) 개요

회사명	아시아나항공 주식회사
창립일	1988년 2월 17일
업종	항공운수, 토목, 건축, 설비, 전기, 통신, 로고상품, 관광, 호텔, 교육, 기내식제조판매, 전자상거래, e-business
항공기 보유수	65대(22년 1월 기준)
운항노선	국내선 10개 도시, 11개 노선/국제선(여객) 21개 국가, 64개 도시, 71개 노선/ 국제선(화물) 12개 국가, 27개 도시, 25개 노선

2) 금호아시아나의 기업철학

① 금호아시아나 가치체계

새로운 금호아시아나는 이해관계자들의 삶을 향상시키고, 업계 최고 1등의 기업 가치를 창출하는 아름다운 기업을 지향한다.

② Mission 목적

금호아시아나 그룹 이해관계자들의 삶의 질 향상

③ Vision 목표

업계 최고 1등의 기업가치를 창출하는 아름다운 기업

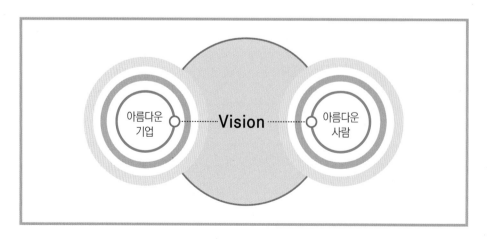

- 아름다운 기업
  - 지탄을 받지 않고
  - 약속한 바를 꼭 지키며
  - 건실하고 신뢰받는 기업
  - 사회적 책임과
  - 기업으로서의 역할을 다하고
  - 사회에 공헌하는 기업

- 아름다운 사람
  - 열정과 집념을 가지고 각자 자기 분야에서 자기 역할을 다하는 사람

3) 아시아나항공의 철학

① 경영이념
최고의 안전과 서비스를 통한 고객만족

② 기업철학
고객이 원하는 시간과 장소에 가장 빠르고, 안전하고, 쾌적하게 모시는 것

③ 최고 경영자 철학
고용 증대를 통한 사회기여와 합리성에 기반한 경영

4) CI 소개

심벌마크 "Wing"   시그니처(Signature)

금호아시아나와 고객이 함께 나아감을 의미할 뿐만 아니라, 금호와 아시아나의 만남을 상징하며, 진취적이고 미래지향적인 정신을 담아 역동적인 금호아시아나 그룹이 아름다운 미래로 비상하는 아름다운 기업이 되겠다는 의지를 나타내고 있다.

5) 아시아나항공 취항지

 국내선

도시(여객기)	
한국	인천, 서울/김포, 부산, 제주, 대구, 청주, 울산, 진주/사천, 광주, 무안, 여수, 포항

 국제선

2018년 8월 기준

지역	운항노선(여객기)
일본	구마모토(KMJ) – 구마모토공항 나고야(NGO) – 나고야 추부국제공항 다카마쓰(TAK) – 다카마쓰공항 도야마(TOY) – 도야마공항 도쿄(나리타)(NRT) – 나리타 국제공항 도쿄(하네다)(HND) – 하네다공항 마쓰야마(MYJ) – 마쓰야마공항 미야자키(KMI) – 미야자키공항 삿포로(치토세)(CTS) – 신치토세공항 센다이(SDJ) – 센다이공항 시즈오카(FSZ) – 시즈오카공항 오사카(간사이)(KIX) – 간사이 국제공항 오키나와(OKA) – 오키나와공항 요나고(YGJ) – 요나고 기타로공항 후쿠오카(FUK) – 후쿠오카공항 히로시마(HIJ) – 히로시마공항

지역	운항노선(여객기)
중국	광저우(廣州)(CAN) - 광저우 백운 국제공항
	구이린(桂林)(KWL) - 구이린 국제공항
	난징(南京)(NKG) - 난징 국제공항
	다롄(大連)(DLC) - 다롄 국제공항
	베이징(北京)/쇼우두(PEK) - 베이징 수도 국제공항
	상하이(上海)/푸둥(PVG) - 상하이 푸둥 국제공항
	상하이(上海)/홍차오(SHA) - 홍차오 국제공항
	선양(瀋陽)(SHE) - 선양 국제공항
	선전(深圳)(SZX) - 선전 국제공항
	시안(西安)(XIY) - 시안 셴양 국제공항
	옌지(延吉)(YNJ) - 옌지공항
	옌청(塩城)(YNZ) - 옌청공항
	옌타이(煙臺)(YNT) - 옌타이 래산 국제공항
	웨이하이(威海)(WEH) - 웨이하이공항
	지난(TNA) - 지난공항
	창사(長沙)(CSX) - 창사공항
	창춘(長春)(CGQ) - 창춘공항
	청두(成都)(CTU) - 청두공항
	충칭(重慶)(CKG) - 충칭 장베이 국제공항
	칭다오(青島)(TAO) - 칭다오공항
	톈진(天津)(TSN) - 톈진공항
	하얼빈(哈爾濱)(HRB) - 하얼빈공항
	항저우(杭州)(HGH) - 항저우공항
	홍콩(HKG) - 홍콩 공항
	황산(黃山)(TXN) - 황산공항
중앙아시아	아스타나(TSE) - 아스타나 국제공항
	알마티(ALA) - 알마티 국제공항
	타슈켄트(TAS) - 타슈켄트 국제공항
러시아	사할린(UUS) - 유즈노 사할린 국제공항
	하바롭스크(KHV) - 하바롭스크 국제공항

지역	운항노선(여객기)
동/서남아	다낭(DAD) - 다낭 국제공항 델리(DEL) - 인디라 간디 국제공항 마닐라(MNL) - 마닐라 니노이 아키노 국제공항 방콕(BKK) - 수완나폼 공항 세부(CEB) - 세부 국제공항 싱가포르(SIN) - 창이 국제공항 씨엠립(REP) - 씨엠립 국제공항 자카르타(CGK) - 수카르노하타 국제공항 코타키나발루(BKI) - 코타키나발루공항 클라크필드(CRK) - 클라크필드공항 타이베이(TPE) - 타오위엔 국제공항 푸껫(HKT) - 푸껫 국제공항 프놈펜(PNH) - 프놈펜 국제공항 하노이(HAN) - 노이바이 국제공항 호찌민(SGN) - 탄손 누트 국제공항
미주	뉴욕(JFK) - 존 에프 케네디 국제공항 로스앤젤레스(LAX) - 로스앤젤레스 국제공항 샌프란시스코(SFO) - 샌프란시스코 국제공항 시애틀(SEA) - 시애틀 타고마 국제공항 시카고(오헤어)(ORD) - 오헤어공항 호놀룰루(HNL) - 호놀룰루 국제공항
대양주	사이판(SPN) - 사이판 국제공항 시드니(SYD) - 시드니 공항 팔라우(ROR) - 팔라우 국제공항
유럽	런던(LHR) - 히드로공항 로마(FCO) - 레오나르도다빈치공항 이스탄불(IST) - 아타튀르크 국제공항 파리(CDG) - 드골 공항 프랑크푸르트(FRA) - 프랑크푸르트공항

6) 사회공헌 활동

① **아름다운 나눔** : 학생 조식지원사업, 저소득층가정 학생 조식지원사업, 연말 김장행사, 1사 1촌, 전통시장 나들이, 헌혈 운동, 사랑의 기내 모자 뜨기
② **아름다운 교실** : 색동나래교실, 교육기부 박람회, 색동창의 STEAM 교실, 드림페스티벌
③ **아름다운 환경** : 아름다운 강 만들기, Green-week 캠페인, 식목 행사
④ **아름다운 문화** : 아시아나 국제단편영화제, 캐럴 제작 프로젝트, 문화재 보전 활동
⑤ **임직원 봉사활동** : 아시아나 바자회, 캐빈 승무원 바자회, 아시아나 교육기부 봉사, 해외 자원 봉사활동, 임직원 릴레이 봉사활동, 팀/지점/동아리 활동
⑥ **모금 및 물품기부** : 급여기금 모금, 유니세프 기내 동전 모으기, 사랑 나누기, 긴급 구호

7) 수상내용

① **한국국제협력단 이사장 표창 수상**(2015.12.31.)
   • 한국국제협력단 연말 표창에 당사가 PPP 사업의 지속 참여 및 성공적 사업 수행과 사후 자체 후속 프로그램 운영을 통한 지속적이고 진정성 있는 활동의 공로를 인정받아 표창을 수상

② **제4회 대한민국 교육기부 대상 수상**(2015.12.15.)
   • 색동나래교실, 드림페스티벌 등 교육기부 발전과 활성화에 기여한 노력과 공로를 인정받아 교육기부 대상에서 교육부 장관 표창을 수상

③ **자유학기제 지원 우수사례 공모대상 수상**(2015.12.14.)
   • 자유학기제 전면 시행에 맞추어 아시아나항공은 교육부 프로그램인 색동나래교실과 색동창의 STEAM 교실을 성공적으로 운영한 사례로 교육부장관 표창을 수상

④ **2015 재중 한국 CSR 모범기업상 수상**(2015.12.4.)
- 중국-아름다운 교실 사업을 비롯하여 중국 취항지에서 활발한 CSR 활동을 통한 기업의 사회적 책임 이행 노력을 인정받아 CSR 모범기업상을 수상

⑤ **제2015 대한민국 사회공헌 대상 수상**(2015.11.19.)
- 국회 헌정기념관에서 열린 제10회 대한민국 사회공헌대상(한국서비스산업진흥원 주최)에서 당사가 해외봉사부문 대한민국사회공헌대상 보건복지부장관상을 수상

⑥ **제4회 대한민국 나눔국민대상 수상**(2015.10.15.)
- 아시아나항공은 저소득층 결식아동의 아침밥을 지원해주는 사랑애올밥사업, 색동나래교실 등 국내에서의 진정성 있는 사회공헌 활동을 인정받아 국무총리 표창을 수상

8) 스타얼라이언스

아시아나항공은 스타얼라이언스의 회원으로서 빠르고 편리한 환승, 아시아나 클럽 마일리지 적립 및 좌석 승급, 라운지 이용 등 다양한 혜택을 제공하고 있다.

스타얼라이언스 네트워크는 하루의 비행량, 목적지 수, 도착지 국가 수, 회원사 규모 등에서 세계일류의 항공 네트워크다. 스타얼라이언스는 1997년 세계 최초로 결성된 항공사 동맹체로, 규모와 서비스의 품격, 안전도에서 세계 최고를 자랑하고 있다.

 스타얼라이언스 회원사

ADRIA AIRWAYS, AEGEAN AIRLINES, AIR CANADA, AIR CHINA, AIR INDIA, AIR NEW ZEALAND, ALL NIPPON AIRWAYS, ASIANA AIRLINES, AUSTRIAN AIRLINES, AVIANCA, AVIANCA IN BRAZIL, BRUSSELS AIRLINES, COPA AIRLINES, CROATIA AIRLINES, EGYPT AIR, ETHIOPIAN AIRLINES, EVA AIR, POLISH AIRLINES, LUFTHANSA, SAS AIRLINES, SHENZHEN AIRLINES,

SINGAPORE AIRLINES, SOUTH AFRICAN, SWISS AIRLINES, TAP PORTUGAL, THAI AIRWAYS, TURKISH AIRLINES, UNITED AIRLINES

9) 인사철학

① 기업의 주체는 바로 사람이다.

사람이 바로 기업의 가장 소중한 자원이며 기업발전과 영속의 원천이라는 아시아나항공의 인사철학은 모든 인사제도 전반에 구체화되어 실현되고 있다.

② 동등한 기회와 공정한 보상을 제공한다.

아시아나항공은 편법과 반칙을 용인하지 않으며, 모든 구성원들에게 동등한 기회를 부여하고, 역량 및 성과에 대한 공정한 보상을 실시한다.

③ 기업은 또 하나의 가정이다.

아시아나항공은 자유로운 소통이 가능한 열린 조직문화, 구성원들이 자부심을 가지고 일할 수 있는 집과 같은 일터를 만들기 위해 끊임없이 노력하고 있다.

10) 아시아나인상

'아시아나인상'은 그룹 인재상을 바탕으로 서비스업종인 아시아나항공에 맞게 발전시킨 내용이다.

① **부지런한 아시아나인**

근면과 성실, 집념과 끈기로 목표달성을 위해 노력하는 아시아나인

- 근면하고 성실한 자세로 모든 일에 최선을 다한다.
- 목표를 반드시 달성하는 강한 의지를 갖는다.
- 한 템포 빨리 발상하고, 계획하고 행동한다.

② **연구하고 공부하는 아시아나인**

자기의 발전과 조직의 발전을 위해 항상 연구하는 아시아나인

- 자기의 완성을 위해 끊임없이 투자하고 학습한다.
- 조직의 발전을 위한 지식증진과 기술개발에 힘쓴다.
- 정보화 시대를 선도하기 위한 능력을 함양한다.

③ **적극적인 아시아나인**

장기적인 안목을 가지고 긍정적인 사고를 하면서 매사에 적극적으로 대응하는 아시아나인

- 진취적, 긍정적으로 사고하고 생활한다.
- 매사에 책임감을 지니고, 솔선수범한다.
- 자기 자신을 적극적으로 아끼고 사랑한다.

④ **서비스정신 투철한 아시아나인**

투철한 서비스정신으로 고객만족을 실현하는 아시아나인

- 고객의 입장에서 고객을 가족 같이 생각한다.
- 서비스 영역을 구분하지 않는다.
- 나보다 고객을 중시한다.

11) 아시아나 서비스 모토

아시아나항공은 다음과 같이 4가지 서비스 모토를 통해 고객에게 항상 최고의 서비스를 제공하기 위해 노력하고 있다.

① 참신한 서비스

최신 기종의 새 비행기와 진부하지 않고 언제나 신선함을 잃지 않는 새로운 마음가짐으로 고객을 모신다.

② 정성 어린 서비스

눈에 보이지 않는 작은 일까지도 한국적인 미덕과 몸에서 배어나는 세심한 배려와 친절로 고객을 모신다.

③ 상냥한 서비스

마음에서 우러나는 밝고 환한 미소와 항상 상냥한 모습으로 고객을 모신다.

④ 고급스런 서비스

기내식과 작은 비품, 행동까지도 품격을 생각하는 최고급의 정신으로 고객을 모신다.

12) 아시아나 공통 역량

그룹의 공통 역량을 바탕으로 글로벌 1위 항공사가 되기 위해 '국제적 감각'을 추가하여 다음과 같이 아시아나인의 공통 역량을 규정하고 있다.

① 직업윤리

- 아시아나인으로서 회사의 윤리경영 방침에 따라 윤리강령 및 윤리규칙을 준수하고 이에 기준하여 행동하며, 공사를 명확히 구분, 공평하게 업무를 처리하는 역량을 말한다.

② 프로페셔널리즘

- 맡은 일에 대해서는 끝까지 책임을 지며, 주어진 업무뿐 아니라 새롭게 해야 할 일과 어려운 일을 자발적으로 수행하고 자신의 전문성을 개발하기 위해 노력하는 역량을 말한다.

③ 성과지향

- 업계 1등 기업가치 창출'을 위해 도전적 목표를 설정하여 적극적이고 끈기 있는 자세로 초진함으로써 향상을 지속적으로 도모하는 역량을 말한다.

④ 국제적 감각

- 다양한 문화에 대한 이해를 바탕으로 비즈니스 수행에 필요한 국제적 매너와 에티켓을 보여주며 외국 파트너들과 함께 원활한 의사소통을 통해 효과적으로 일할 수 있는 역량을 말한다.

13) 아시아나항공의 특별 서비스

① 기내 엔터테인먼트 서비스, 해피맘 서비스^(아기 동반 여행), 혼자 여행하는 어린이 ^(UM)서비스, 장애인 고객서비스, 프리맘 서비스^(임산부 고객), 패밀리 서비스, 애완동물 동반 서비스 등을 제공하고 있다.

② 기내 특별 서비스

- 라떼 아트 서비스 : 전문 핸드드립 바리스타가 커피서비스를 주도하며, 손님 앞에서 즉석으로 커피를 시연
- 승무원 체험 서비스
- 가족 승무원 체험 : 어머님과 아이들이 함께 승무원 유니폼을 입고 사진 찍기
- 온 보드 셰프팀 : 프랑스 요리학교 과정을 수료한 승무원이 제공하는 차별화된 기내식과 기내서비스
- 딜라이터스 : 세계 항공사 최초로 각국 전통의상 및 우리나라 전통 혼례의상 기내 패션쇼 시연
- 일러스트 : 휴양지를 뒷 배경으로 프린트된 용지 제작 후, 그 위에 손님의 장점을 최대한 살린 아름다운 캐리커처 제공
- 차밍서비스 : 숙련된 여승무원들은 승객들에게 메이크업 서비스를 제공하는 것은 물론이고 개개인의 피부타입에 맞는 메이크업 방식도 조언해주는

서비스

- 초크아트 : 아주 작은 판에 그림을 넣게 될 핸드폰 고리나 Name Tag 등 핸드폰 줄, 어린이용 선물 등을 제작하여 원하는 손님께 제공하는 서비스
- 그 외 매직 서비스, 오즈 러브레터, 타로, 소믈리에, 전통문화체험, 바리스타 등의 '기내 특별 서비스'가 제공되고 있다.

③ 제주항공(제주항공 홈페이지 참고)

제주항공은 2005년 설립 이후 고객의 합리적인 항공 여행 가격 요구에 맞춰 빠르게 확장하고 있으며 항공 업계에 지속적으로 혁신을 가져오고 있다.

김포-제주를 비롯한 국내선과 일본, 중국, 필리핀, 태국, 베트남, 대양주(괌, 사이판), 러시아, 라오스 등 아시아 태평양 51개 도시, 87개 이상의 노선을 항공기 39대로 운항하고 있다.(2022년 1월 기준)

1) 대표이사 : 김이배

2) Mission
더 넓은 하늘을 향한 도전으로 더 많은 사람들과 행복한 여행의 경험을 나눈다.

3) BRAND TAGLINE

NEW STANDARD
제주항공의 미션, 즉 더 많은 사람들과 행복한 여행 경험을 나누기 위해 새로운 항공 서비스를 제안한다. 기존 항공사의 획일적인 항공 서비스에서 벗어나 새롭고 고객이 직접 선택할 수 있는 폭넓은 서비스를 제공하고자 끊임없이 도전하고 있다.

4) BRAND STATEMENT
합리적인 고객에게 새로운 여행 경험을 주기 위해 고객지향적 사고로 끊임없이 혁신하는 대한민국 No.1 LCC

5) 제주항공 취항지

나라	도시
대한민국	대구, 부산, 서울(김포), 서울(인천), 제주, 청주
대만	타이베이(도원)
대양주	괌, 사이판
말레이시아	코타키나발루
베트남	다낭, 하노이
일본	나고야(주부), 도쿄(나리타), 삿포로(신치토세), 오사카(간사이) 오키나와(나하), 후쿠오카
중국	베이징, 스자좡, 웨이하이, 자무스, 칭다오
태국	방콕(수완나폼)
필리핀	마닐라, 세부
홍콩	홍콩

6) Core Values(인재상)

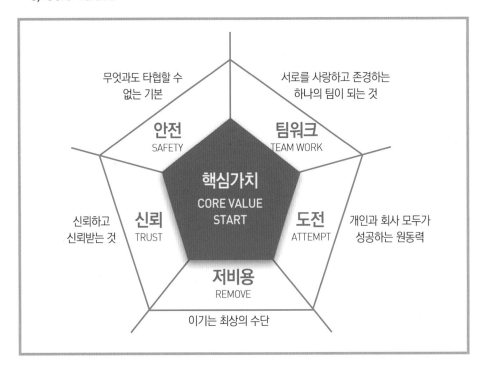

7) 조직문화

제주항공은 FUN & JOY의 문화를 기반으로 함께 일할 때 더 즐거운 조직문화를 만들기 위해 다음과 같은 실천방법을 조직 내 규범으로 형성하고 있다.

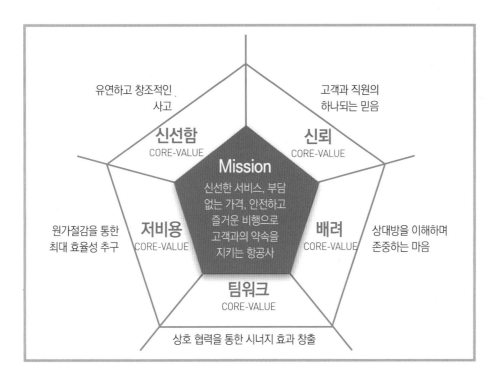

① 자율복장

획일화된 근무복장을 벗어나 비즈니스 상황에 맞는 자율복장을 도입하여 유연한 옷차림을 통해 자율과 창의, 도전정신을 바탕으로 개개인의 개성을 존중하자는 의미이다.

② CEO와의 소통

개인별 연 1회 이상 CEO와 직접 회사의 경영상황 및 방향성에 대해 서로 공유할 수 있도록 다양한 소통의 장을 마련하고 있다.

③ 각종 행사

연간 창립기념행사, 크리스마스행사, 본부별 생일자 축하행사 등 다양한 행사 등을 통해 FUN 경영을 실천하고 있다.

8) 제주항공 BI

제주항공의 BI(Brand Identity)는 진취적이고 신뢰감을 주는 항공사 이미지를 추구하며 아시아 최고의 LCC로 발돋움하기 위한 의지를 제주의 자연을 형상화한 디자인으로 표현했다.

영문 로고 중 'i'에 깃발 형상을 나타내 제주항공을 이용하는 소비자들을 맞이하는 반가움과 환영의 의미를, 제주항공 임직원들에게는 전 세계로 뻗어나가는 리더십과 대표성을 상징하고 있다.

활기차고, 즐거움을 주는 제주의 감귤색인 오렌지 색상을 좀 더 선명하게 표현하였고, 특히 'i'의 깃발 형상에 포인트 블루 컬러를 추가하여 안전함과 신뢰감을 더하였으며, 오렌지 컬러와 조화를 통해 Fresh함을 강화하였다.

또 디자인을 전체적으로 기존 오렌지 단일색상에서 새로운 블루색상을 추가해 다양화함으로써 아시아 전역으로 노선망을 확대해 소비자에게 다양한 서비스를 제공한다는 의미도 함축하고 있다.

9) 제주항공 특별 서비스

① 기내 FUN 서비스팀

- 게임 팀 : 가위바위보, OX QUIZ, 기내빙고 등 기내에서 승객들과 즐기는 게임 서비스

- 매직팀 : 카드마술, 딜라이트공연, 무대마술 등 기내 마술공연 서비스
- 뷰티풀 플라이트 : 창 밖으로 보이는 야경을 안내해주는 서비스
- 일러스트팀 : 일러스트팀 승무원이 직접 그려주는 캐리커처와 페이스페인팅 서비스
- 풍선의 달인 : 귀여운 하트풍선에서 예쁜 꽃 팔찌까지, 승무원이 직접 만든 다 양한 풍선을 선물하는 서비스
- 악기 연주팀 : 기내에서 즐겁고 신나는 음악을 악기로 연주하는 서비스
- 제이제이팀 : 고객님의 신청사연에 깜짝이벤트로 감동을 선물할 기내이벤트 서비스
- JAFUN팀 : 일본노선 특화서비스

4 진에어

2008년 국내선 '김포-제주' 노선을 시작으로 힘찬 날갯짓을 시작한 진에어는 방콕, 세부, 홍콩, 괌, 오키나와 등 아시아 주요 15개의 정기 국제선을 취항하고 있으며, 더 큰 비상을 준비하고 있다.

1) 대표이사 : 박병률

2) 비전

즐거운 여행의 시작과 끝
더 나은 여행을 위한 가장 스마트 한 선택
아시아 대표 실용 항공사, 진에어

3) 미션

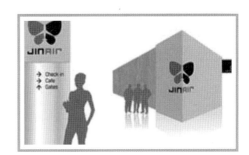

- 합리적인 소비자가 선택하는 스 마트 & 실용 항공사
- 다양하고 차별화된 서비스와 즐거

움을 제공하는 딜라이트 항공사

• Global Standard 수준의 안전하고 신뢰가 가는 항공사

4) 진에어 슬로건 Fly, better fly

더 나은 항공여행이란?

• 핵심적인 서비스는 세련된 감각으로 강화하고,

• 불필요한 서비스는 과감하게 버리고,

• 복잡한 수속이나 규정은 심플하게 변경하고,

• 열정과 혁신으로 철저한 비용절감을 통하여

• 매우 합리적이며 경쟁력 있는 항공요금을 제공하는 것이
   진에어가 추구하는 Fly, better fly의 젊은 정신이다.

5) 진에어 취항지

나라	도시
대한민국	서울(김포), 서울(인천), 제주도, 부산(김해), 청주, 양양
일본	도쿄, 오사카, 후쿠오카, 삿포로, 오키나와
중국	홍콩, 마카오, 상하이, 시안, 우시
동남아	방콕, 세부, 클락, 비엔티안, 하노이, 다낭, 코타키나발루, 타이베이
대양주/미주	괌, 호놀룰루, 사이판

6) 진에어 CI

① 심벌마크

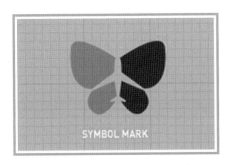

② 명칭(나비)

의미 : 자유롭게 날아다니는 나비의 형상에 비행기를 결합하여 한 자리에 머무르지 않고 새롭고 이국적인 곳을 향해 떠나는 여행자의 특성을 상징한다.

③ 로고

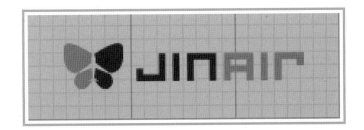

7) 진에어 캐릭터

캐릭터 소재는 나비와 요정으로, 하늘을 연상시키고 가볍고 자유롭게 하늘을 나는 나비와 꿈을 현실로 만들어주는 요정을 형상화하였다.

진에어의 캐릭터 나라와 올라는 진에어의 광고, 홍보물, 사은품, 사회공헌 등 다양한 채널을 이용한 감성 마케팅에 활용되어, 진에어의 슬로건 Fly better fly를 기반으로 한 친근한 이미지와 메시지를 전달하는 역할을 한다.

① **나라**(Nara)

- 의미 : 두근두근! 여행길! 여러 친구들과 국내 및 해외 여러 나라로 날아가요!
- 직업 : "너의 여행은 내가 책임진다!" 안전한 여행을 위한 여행 지킴이
- 성격 : 친절하고 배려심이 깊어 주변 사람을 잘 살피고 친구들이 많음. 매사에 꼼꼼하여 안전이 최고!
- 취미 : 문화 탐방, 사진 찍기, 각종 스포츠

② **올라**(Olla)

- 의미 : 설레이는! 여행길! 하늘로 오르면 기분도 올라! 경험도 올라!
- 직업 : "그곳이 가고 싶다!" 즐거운 여행을 위한 여행 도우미
- 성격 : 매우 활달하고 긍정적인 성격으로 모험심이 강해 끊임없이 새로운 여행에 도전함
- 취미 : 봉사 활동, SNS 활동, 맛집 탐방

※ 진에어 객실승무원을 지니(jini)라 호칭한다. 지니 플라잉 메이트의 유니폼은 청바지이다. 청바지는 자유와 실용의 상징이며, 실용성을 내세우는 진에어의 마음이다.

8) 진에어 특별 서비스

● 딜라이트 기내방송 서비스

"흡연은 항공기 밖에서만 가능함을 알려드립니다.", "오늘 비행 중 기상은 좋을 것으로 예보되었으나, 기류 영향으로 비행기가 조금 놀라 부르르 떨 수도 있습니다.", "이륙 후 지름길을 이용하여 빨리 도착할 수 있도록 노력하겠습니다." 등과

같이 국내에서 기존에 볼 수 없었던 형태로 환영 인사, 좌석벨트 상시 착용 안내, 기내 판매, 도착 안내 등 각종 기내방송을 선보이고 있다.

5 에어부산

에어부산은 부산 지역의 항공 산업 발전, 부산 지역민의 항공편 이용 편의 증진, 지역 일자리 창출 등을 위해 설립되었다. 아시아나항공과 부산광역시가 대주주인 에어부산은 2008년 10월 김해국제공항을 허브공항으로 하여 부산-김포노선에 첫 운항을 시작하였다.

1) 대표이사 : 안병석

2) 비전

업계 최고 1등의 기업가치를 창출하는 아름다운 기업

3) 경영이념

완벽한 안전, 편리한 서비스, 실용적인 가격으로 최고의 고객가치 창조

4) 에어부산 서비스 모토

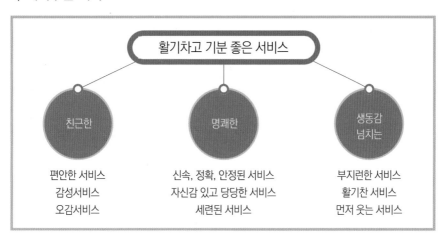

5) 고객서비스 공약

① 우리는 신속, 정확한 서비스로 명쾌함을 드리겠습니다.

② 우리는 먼저 웃으며 활기찬 서비스로 생동감을 드리겠습니다.

③ 우리는 오감 만족 감성서비스로 친근함을 드리겠습니다.

④ 우리는 최고의 운항률과 정시율로 신뢰를 드리겠습니다.

⑤ 우리는 진심 어린 마음으로 지역사회에 사랑을 드리겠습니다.

6) 에어부산 취항지

나라	도시
대한민국	김포, 제주, 대구, 부산
일본	삿포로, 도쿄, 오사카, 후쿠오카
중국	옌지, 칭다오, 시안, 장가계, 홍콩, 마카오
몽골	울란바토르
동남아	다낭, 씨엠립, 타이베이, 가오슝, 세부
미국	괌

7) CI

바다의 물결과 하나되어 힘차게 날갯짓하는 모습의 역동적인 갈매기 심벌로, 부산의 바다, 갈매기, 하늘 3가지를 조합하여 하나의 이미지 요소로 표현하였으며, 부산을 상징하는 갈매기 심벌과 BUSAN이 강조된 워드마크의 조화로 고객의 기대에 부응하는 AIR BUSAN의 글로벌 도약의지와 희망을 표현한다.

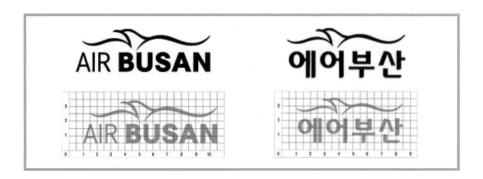

8) 에어부산 캐릭터

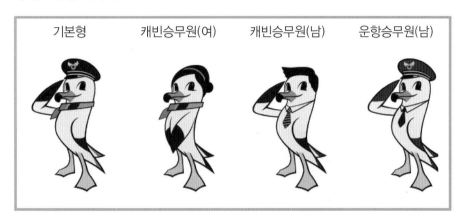

기본형 | 캐빈승무원(여) | 캐빈승무원(남) | 운항승무원(남)

9) 에어부산 인상

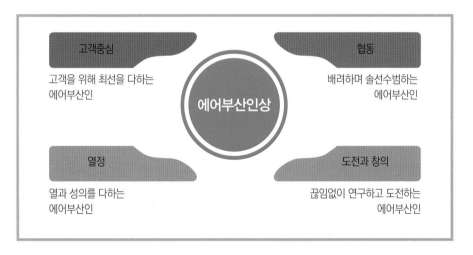

고객중심
고객을 위해 최선을 다하는
에어부산인

협동
배려하며 솔선수범하는
에어부산인

에어부산인상

열정
열과 성의를 다하는
에어부산인

도전과 창의
끊임없이 연구하고 도전하는
에어부산인

10) 조직문화

에어부산은 경영진에 대해 신뢰하고 업무에 대한 강한 자부심을 느끼며, 동료 간에 일하는 재미를 느낄 수 있는 일하기 좋은 조직문화를 지향한다.

● **3대 추진방향**

자부심, 재미, 신뢰

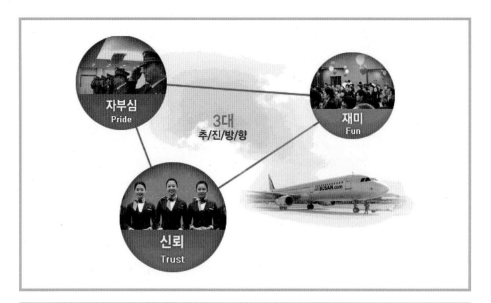

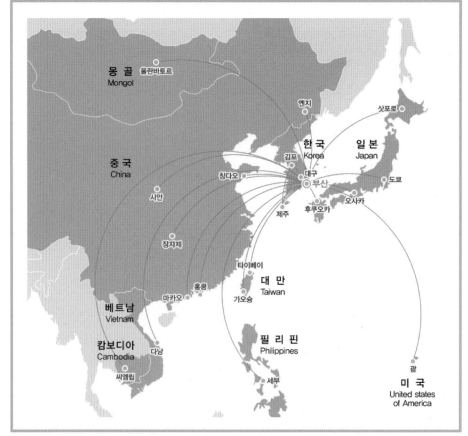

11) 에어부산 특별 서비스

① **Letters to AIR BUSAN** : 에어부산 캐릭터로 만들어진 예쁜 엽서에 승무원이 사연을 직접 정성스레 적어 승객 탑승편에 전달해 드리는 서비스

② **매직 서비스** : 에어부산 승무원들로 구성된 플라잉 매직팀이 매직쇼 제공

③ **타로 서비스** : 기내에서 승객에게 객실승무원이 직접 타로점을 봐주는 서비스

④ **Blue Beauty 서비스** : 기내에서 캐빈승무원이 직접 핸드 마사지와 핸드 팩을 해드리는 서비스. 스티커 타투, 페이스 페인팅 등의 서비스도 실시한다.

⑤ **플라잉 바리스타 서비스** : 고품질의 커피를 캐빈승무원이 직접 핸드 드립하여 제공

⑥ **블루하모니** : 에어부산 블루하모니는 기내에서 기타, 바이올린, 플루트, 첼로 등 연주

6 티웨이항공

티웨이항공의 전신은 2004년 세워진 (주)한성항공이다. 한성항공은 국내 최초의 저가 항공사로 충청지역(청주국제공항)을 기반으로 출범했다. 2010년에 회사 이름을 지금의 (주)티웨이항공으로 바꾸었다. 티웨이항공의 'T'는 Together(함께), Today(오늘)와 Tomorrow(내일) 등을 뜻한다.

1) 대표이사 : 정홍근

2) 경영이념

함께하는 우리들의 항공사

3) 실행목표

① 첫째도 안전, 둘째도 안전

② 가족 같이 편안한 서비스

③ 화합하고 배려하는 기업문화

4) 티웨이 항공 취항지

나라	도시
대한민국	김포, 인천, 제주, 대구, 광주, 무안
일본	인천-도쿄(나리타), 인천-사가, 인천-삿포로, 인천-오사카, 인천-오이타, 인천-오키나와, 인천-후쿠오카, 대구-도쿄(나리타), 대구-오사카, 대구-후쿠오카
중국	인천-마카오, 인천-산야, 인천-원저우, 인천-인촨, 인천-지난, 인천-칭다오, 대구-상하이
동남아	김포-타이베이(송산), 인천-다낭, 인천-방콕, 인천-비엔티안, 인천-호찌민, 대구-타이베이(타오위안)
대양주	인천-괌, 대구-괌, 오사카-괌

5) 슬로건

Happy T'way it's yours

6) 로고타입

모든 소문자로 구성된 티웨이항공의 메인로고는 기성세대의 틀을 깨고 세련되면서도 합리적인 태도로 고품격 항공 서비스를 제공하겠다는 항공사의 의지를 내포한다. 경쾌하고 즐거운 축제를 떠올리게 하는 카니발레드(canival red) 및 스코틀랜드의 합병으로 그레이트브리튼 왕국의 성립, 영국 전성기를 상징하는 퀸앤그린

(Queen Anne)컬러를 이용, 티웨이 정신을 바탕으로 항공업계의 새로운 미래를 창조해 나가겠다는 다짐을 의미한다.

7) 심벌마크

① 티웨이 티즈

티웨이항공의 고객에 대한 열린 태도와 고객의 목소리에 귀 기울이는 모습을 티웨이항공 로고의 핵심 부분인 t와 소유격의 의미이자 말풍선을 연상시키는 어포스트로피로 형상화

② 어포스트로피

- 소유격을 나타내거나
- 생략된 글자나 숫자를 대신하기도 하며
- 글자나 숫자의 복수를 나타낼 때 쓰이는 문장 기호

고객 개인의 전용기와 같이, 고객만을 위한 티웨이항공의 프리미엄 서비스를 제공하고자 하는 고객중심주의 서비스정신을 내포한다. 비행기 동체의 핵심 그래픽으로 이용

8) 티웨이 유니폼

전체적인 라인은 모던함과 여성스러움을 강조한 디자인

- 하이웨이스트 스커트와 팬츠로 허리라인을 강조하여, 여성스러운 라인을 표현
- 심플한 라인의 하이넥 재킷과 블라우스, 원피스로 모던함을 강조
- 티웨이 항공 CI 컬러를 이용한 스트라이프 스카프로 의상에 포인트를 줌
- 의상의 전반적인 컬러에 레드를 많이 사용하여, 티웨이 항공의 CI 컬러를 강조함
- 남성 객실승무원의 경우 기존에 사용하지 않았던 레드 셔츠로 다소 파격적이기 는 하지만 젊고 경쾌함을 표현하였고, 여성승무원의 의상과 절묘하게 매치하며, 티웨이항공만의 개성을 충분히 표현

8) 티웨이 특별 서비스

① U'story 서비스

생일, 결혼기념일, 프로포즈 등을 사전 예약하면 객실승무원들이 직접 축하해 주 는 서비스로 승객에게 승무원이 편지를 전달하고 기내방송으로 함께 축하하는 서 비스이다.

② Event Flight

- 캘리웨이(Calli'Way) : t'way의 승무원으로 구성된 캘리그라피팀이 고객님에게 손글씨를 직접 써서 전달하는 서비스이다.
- 티하모니(t'Harmony) : 승객에게 행복의 노래를 선사하는 t'way 객실승무원 성 악팀이다.

- 티심포니(t'Symphony) : 티웨이 + 심포니의 의미로 티웨이항공의 객실승무원 악기 연주팀이다.

7 EASTAR JET

대한민국 새로운 기회의 땅, '동북아의 두바이', 새만금에 둥지를 틀고 제주와 김포, 군산, 청주를 잇는 항공사로 출발하지만, 2010년 한·중·일 항공자유화(OPEN SKIES)를 발판삼아 아시아 최고의 항공사가 되겠다는 자부심을 갖고 있다.

1) 대표이사 : 김유상

2) 비전

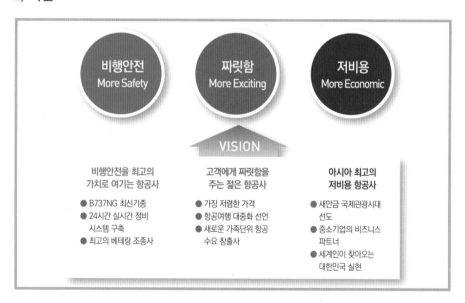

3) 이스타항공 취항지

나라	도시
대한민국	김포, 인천, 제주, 부산, 청주, 군산
일본	인천-나리타(도쿄), 인천-간사이(오사카), 인천-오키나와, 인천-후쿠오카, 부산-간사이(오사카),
중국	인천-지난, 청주-선양, 청주-옌지, 청주-푸동(상하이), 청주-하얼빈, 청주-다롄, 청주-닝보
동남아, 동북아	김포-송산(타이베이), 인천-타오위안(타이베이), 인천-홍콩, 인천-방콕, 인천-푸껫, 인천-코타키나발루, 인천-씨엠립(캄보디아), 부산-방콕

4) 로고마크

EASTAR JET

전체적으로 이탤릭체를 통하여 빠르고 진취적이며 역동적인 느낌을 전달하는 동시에 각각의 글자는 날카로운 돌출부분으로 시작하면서 중간에 라운드를 부드럽게 감싸는 형상을 통하여 딱딱하고 거친 진취가 아닌 부드럽고 유연한 역동성, 적극성과 진취를 표현하고 있다.

5) 이스타항공 특별 서비스

기내 이벤트

승무원(E.T팀)으로 구성된 이스타항공의 이벤트팀이 가위바위보, 퀴즈, 기내체조, LED 댄스, 라디오 이스타 등을 제공하고 있다.

8 항공사별 채용공고 예시

대한항공
신입 객실승무원 모집안내

KOREAN AIR

"세계 항공업계를 선도하는 글로벌 항공사" 대한항공에서 기내 안전, 서비스 업무를 수행할 객실승무원을 아래와 같이 모집하오니 많은 지원 바랍니다.

① 지원서 접수 기간

2016년 1월 7일(목) 10:00 ~ 1월 17일(일) 18:00

② 지원서 접수 방법

• 대한항공 채용 홈페이지(http://recruit.koreanair.co.kr)를 통한 인터넷 접수

※ 우편, 방문 접수 및 E-mail을 통한 접수는 실시하지 않습니다.

③ 지원 자격

• 병역필 또는 면제자로 해외여행에 결격사유가 없는 자

• 교정시력 1.0 이상인 자

• 기 졸업자 또는 2016년 2월 졸업예정자

• TOEIC 550점 또는 OPIc LVL IM 또는 TOEIC Speaking LVL6 이상 취득한 자

   - 2014년 2월 1일 이후 응시한 국내시험에 한함

④ **전형절차**

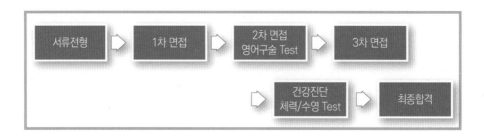

⑤ **제출서류(3차 면접 전형 시 제출)**

- 어학성적표원본   1부.
- 최종학교 성적증명서   1부.
- 졸업(예정) 또는 재학증명서   1부.
  - 석사 학위 이상 소지자는 대학 이상 전 학력 졸업 및 성적증명서 제출
- 기타 자격증 사본   1부.
  - 소지자에 한함

⑥ **기타사항**

- 국가보훈대상자는 관계 법령에 의거하여 우대합니다.
- 태권도, 검도, 유도, 합기도 등 무술 유단자는 전형 시 우대합니다.
- 영어구술 성적 우수자는 전형 시 우대합니다.
- 2년간 인턴으로 근무 후 소정의 심사를 거쳐 정규직으로 전환 가능합니다.
- 서류전형 합격자는 1월 26일(화) 채용 홈페이지에 공지 예정입니다.
- 상기 일정은 당사 사정에 따라 변경될 수 있습니다.
- 원서접수 마감일에는 지원자 급증으로 인해 접속이 원활하지 않을 수 있으므로 조기 제출하시기 바랍니다.

⑦ **문의**

대한항공 인재개발실(recruit@koreanair.com)   끝.

2015년 아시아나항공
국제선 캐빈승무원 인턴 채용 공고

ASIANA AIRLINES 7

최고의 안전과 서비스를 통해 고객만족을 추구하는 아시아나 항공의 함께할 새 내기 캐빈승무원을 모집합니다.

국제선 캐빈승무원 인턴은 당사 국제선 노선에 탑승하여 기내안전 및 대고객 서비스업무를 담당하게 되며, 인턴사원으로 1년간 근무 후 소정의 심사를 거쳐 정규직으로 진환됩니다.

① **모집분야 및 모집인원**

• 모집구분 : 신입인턴 // 모집분야 : 국제선 캐빈 인턴
• 모집인원 : 00 명 // 주요업무 : 국제선에서 기내안전 및 대고객 서비스업무 담당

② **지원자격 요건**

자격구분	지원자격
학력	전문학사 이상 자격 소지자(기졸업자 및 2017년 2월 졸업예정자 포함)
전공	제한 없음
어학	국내 정기 TOEIC 성적(지원마감일 기준 2년 이내)을 소지하신 분 (필수) ※ 어학성적 우수자 전형 시 우대
신체조건	기내 안전 및 서비스 업무에 적합한 신체조건을 갖춘 분
시력	교정시력 1.0 이상 권장 (라식 및 라섹 수술의 경우 3개월 이상 경과 권장)

자격구분	지원자격
병역	남자의 경우 병역을 필하였거나 면제된 분
기타	• 학업성적이 우수하고 해외여행에 결격사유가 없는 분 • 영어구술 성적표(TOEIC Speaking, GST 구술시험, OPIc)는 소지자에 한하여 기재하며 성적 우수자는 전형 시 우대함 ※ 외국어 성적의 경우 지원마감일 기준 2년 이내 국내 정기시험 성적만 인정

③ 접수기간 및 접수방법

- 접수기간 : 2015년 6월 3일(수) ~ 2015년 6월 18일(목) 17:00
- 서류전형 합격자 발표일 : 2015년 6월 25일(목) 17:00 이후
- 마감일은 지원자의 급증으로 인해 지원서 접수가 원활하지 못할 수도 있으니 미리 접수하시기 바랍니다.
- 접수방법 : 채용정보 홈페이지 내 온라인 입사지원

④ 전형절차 및 합격자 발표

- 전형절차

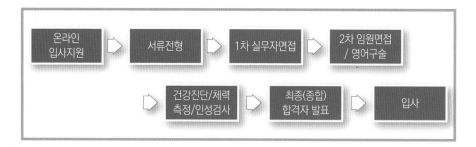

- 발표방법

  채용 사이트 내 개별조회

- 참고사항
  - 1차 실무자면접은 온라인 등록 시 지원자가 선택한 응시지역 또는 당사가 지정한 지역에서 실시함(서울, 부산, 광주)

- 임원면접 시 영어구술테스트와 인성검사 실시하며, 합격자에 한하여 체력측정 및 건강검진 실시
- 체력측정항목 : 악력, 배근력, 윗몸 일으키기, 유연성, 수영
  (자유형 25m 완영)

⑤ 제출서류

- 국문 입사지원서(온라인 작성)
- 기타서류
  - 어학성적표 원본
  - 최종학교 졸업(예정)증명서(편입한 경우 편입 전 학교증명서 포함)
  - 졸업예정증명서 발급 불가 시 재학증명서 대체 가능
  - 성적증명서(4.5만점으로 환산, 편입한 경우 편입 전 학교증명서 포함)
  - 자격증 사본

- 경력증명서
  - 취업보호 대상 증명원(해당자)
  - 기타 입사지원서에 기재한 내용을 증명할 수 있는 서류

※ 상기 서류순서대로 합철, 1차 실무자면접 합격자에 한하여 2차 면접 시 제출함

⑥ 문의처 및 기타 문의사항

- 문의처
  채용 Q&A 게시판
- 유의사항
  - 국가보훈대상자는 관계법에 의거하여 우대합니다.(관련 증명원 제출 시)
  - 전형단계별 합격자는 당사 인터넷 홈페이지를 통하여 발표합니다.
  - 지원서에 허위기재 사실이 판명될 경우 전형중단 및 입사취소는 물론, 향후 당사 지원 시 불이익을 받을 수 있습니다.

(주)제주항공 2016년 상반기 인턴 객실승무원 공개채용

JEJUair

① 모집부문

모집구분	직무분야	근무지	채용인원	직무내용	지원자격
신입	인턴 객실 승무원	서울/ 인천	00명	객실승무 일반	(공통 필수) • 전문학사 이상의 학력을 가진 자 (사이버대학 및 학점은행제 학위 인정) • 기졸업자, 2016년 8월 졸업예정자 • 공인어학 성적 기준 TOEIC 550점 또는 TOEIC SPEAKING 5급(110점) 이상
				객실승무 중국어 특기	• 공통 필수 사항 및 신HSK 5급(180점) 또는 HSK 회화 중급 이상
				객실승무 일본어 특기	• 공통 필수 사항 및 JLPT N2 또는 JPT 600점 이상

- 중국어 및 일본어 특화 지원자는 입사지원서 작성 시 어학 특기 구분 중 중국어, 일본어 필수 선택
- 접수일 기준 취득 2년 이내의 공인어학점수에 한함(필수사항)
- 상기 공인어학점수 외 이에 상응하는 공인어학점수로 대체 가능
- 해외 체류자 혹은 이민자, 유학자의 경우에도 반드시 제출함

② 유의사항

- 인턴(수습)기간은 최대 2년이며, 기간 종료 시점에 전환 평가 후 정규직 전환 실시

③ 전형절차

서류접수 ▷ 실무면접 ▷ 임원면접 ▷ 신체검사 ▷ 최종입사 및 체력검정

④ 접수방법

당사 채용 홈페이지(recruit.jejuair.net)의 '채용안내/입사지원'란에 해당 공고 선택하여 작성 후 제출

※ 지원서 비밀번호, 지원번호 필히 기록하여야 함(추후에 합격자 발표 시 필요)

⑤ 접수기간

2016년 5월 25일(수) ~ 2016년 6월 1일(수) 24:00

⑥ 문의사항

이메일 : recruit.jejuair@jejuair.net

에어부산 2016년 중반기
캐빈승무원(신입인턴) 채용

에어부산과 함께 "업계 최고 1등의 기업가치를 창출
하는 아름다운 기업"을 만들어 갈 신입 캐빈인턴승무
원을 모집합니다.

캐빈인턴승무원은 2년간 근무 후 소정의 심사를 거쳐 정규직으로 전환됩니다.

① 모집분야 및 모집인원

- 모집구분 : 신입 // 모집분야 : 캐빈인턴
- 모집인원 : ○○명 // 주요업무 : 기내안전 및 대고객 서비스업무 담당
  - 근무지 부산

② 지원자격 요건

자격구분	지원자격
학력	전문학사 이상 자격 소지자 (기졸업자 또는 '17년 2월 이전 졸업예정자 / '17년 2월 졸업예정자 포함)
전공	제한 없음
학점	제한 없음
어학	제한 없음 영어, 일본어, 중국어 성적우수자는 전형 시 우대 (지원마감일 기준 2년 이내 국내 정기시험에 한함)
연령	기내 안전 및 서비스 업무에 적합한 신체조건을 갖춘 분
병역	남자의 경우 병역을 필하였거나 면제된 분
기타	해외여행에 결격사유가 없는 분

③ 접수기간 및 접수방법

- 접수기간 : 2016년 5월 4일(수) 16:00 ~ 2016년 5월 13일(금) 17:00
- 마감일은 지원자의 급증으로 인해 지원서 접수가 원활하지 못할 수도 있으니 미리 접수하시기 바랍니다.
- 접수방법 : 채용정보 페이지 내 온라인 입사지원

※ 지원서 저장 후 "최종제출"을 하셔야만 정상적으로 접수가 되오니, 유의하시기 바랍니다.

④ 전형절차 및 합격자 발표

- 전형절차

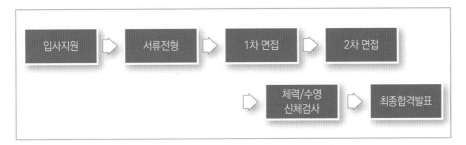

- 합격자발표일

2016년 5월 18일(수) 18시

※ 상기 일정은 회사 사정에 의해 변경될 수 있으며, 일정 변경 시 별도 안내 예정입니다.

- 발표방법

채용 사이트 내 조회 및 전형별 합격자에 대한 개별 통보

- 참고사항
  - 전형 전 과정에서 증명사진을 제출하지 않습니다.
  - 전형 전 과정은 부산에서 진행됩니다.
  - 체력측정항목 : 악력, 배근력, 유연성, 지구력
  - 수영 : 자유형 25m 완영 조건

⑤ 제출서류

- 국문 입사지원서(온라인 작성)
- 기타서류
  - 주민등록등본
  - 어학성적표 원본
  - 최종학교 졸업(예정)증명서(편입한 경우 편입 전 학교증명서 포함)
  - 졸업예정증명서 발급 불가 시 재학증명서 대체 가능
  - 성적증명서(4.5만점으로 환산, 편입한 경우 편입 전 학교증명서 포함)
  - 자격증 사본
  - 국가보훈증명원, 장애인증명원(해당자)
  - 기타 입사지원서에 기재한 내용을 증명할 수 있는 서류

  ※ 제출서류는 1차 면접 합격자에 한하여, 2차 면접 시 제출합니다.

  ※ 제출서류는 2차 면접 당일 반환됩니다

⑥ 문의처 및 기타 문의사항

- **문의처**

  채용 홈페이지 내 Q&A 게시판

- **유의사항**
  - 국가보훈대상자 및 장애인은 관계법에 의거하여 우대합니다.(관련 증명원 제출 시)
  - 전형단계별 합격자는 당사 인터넷 홈페이지를 통하여 발표합니다.
  - 지원서에 허위기재 사실이 판명될 경우 전형중단 및 입사취소는 물론, 향후 당사 지원 시 불이익을 받을 수 있습니다.
  - 홈페이지에 등재된 자격증 및 기타 국가공인자격증 외에 사설, 해외 취득 자격증은 인정되지 않습니다.

이스타항공(주)
객실인턴승무원 모집

EASTAR⁺JET

① 지원서 접수기간

2016년 1월 7일(목) 18:00 ~ 1월 24일(일) 24:00

② 지원서 접수방법

당사 홈페이지를 통한 인터넷 접수(https://recruit.eastarjet.com)

※ 우편, 방문접수 및 E-mail을 통한 접수는 실시하지 않습니다.

③ 모집전형

모집전형	채용인원	대상자
일반전형	00명	-
다문화가정 특별전형	0명	한국어 능통자
보훈대상자 특별전형	0명	국가유공자 자녀 및 보훈대상자

④ 지원자격

- 전문학사 이상 기졸업자로서 남성의 경우 군필/면제자(2016년 2월 졸업예정자 가능)
- 나안시력 0.2 이상, 교정시력 1.0 이상인 자(라식 등 시력교정수술 후 3개월 경과자)
- 신체건강하며 비행근무에 법적으로 하자가 없는 자
- 해외여행에 결격사유가 없는 자
- TOEIC 550점 이상 또는 이에 준하는 공인시험의 자격을 취득한 자
  - 토익스피킹 Lv5, OPIC IM2, TEPS 451, TOEFL 63점 이상
  - 2014년 1월 1일 이후 응시한 국내시험에 한함

⑤ **우대사항**

- **어학능력 우수자**
  - 중국어 : HSK 4급 이상, TSC 3급 이상, HSK 회화 중급 이상
  - 일본어 : JPT 600점, JLPT 2급

- **기타 개인적 특기 보유자**

⑥ **전형절차**

⑦ **처우**

- 식비, 랜딩비, 퍼듐 별도 지급
- 사회보험 가입(보험료 본인/회사 공동부담)
- 유니폼 일체 지급

⑧ **기타사항**

- 근무지는 서울 본사(강서구 소재)이며 숙소 및 출퇴근 교통은 별도로 제공되지 않음
- 약 10주 ~ 12주간 교육 실시 후 국내선 및 국제선 비행근무에 배치
- 인턴기간 중 또는 정규직 전환 후 학사 일정관계로 실습 및 근무에 차질이 없어야 함
- 본 모집관련 문의처 : 이스타항공 인사총무팀
  TEL. 070-8660-8107

진에어 채용공고

SYMBOL MARK

JINAIR에서 세계의 항공 문화를 새롭게 만들어 갈 젊은 생각, 창조적인 열정을 지닌 신입 객실승무원을 모집하오니 많은 지원 바랍니다.

① 모집기간

2016년 2월 24일(수) 9시 30분 ~ 3월 2일(수) 18시

② 지원자격 기준

- 해외여행에 결격사유가 없는 자
- 기졸업자 또는 2016년 8월 졸업예정자로 전학년 성적평균 2.5 이상(4.5만점) 인 자
- TOEIC 550점 또는 TOEIC Speaking LVL 6 이상 또는 OPIc Intermediate Mid Level 이상 어학성적 보유자
- 2014년 2월 24일 이후 국내 정기시험 성적에 한함
- 교정시력 1.0 이상인 자
- 남자의 경우 병역필 또는 면제자

③ 지원 방법

진에어 채용 홈페이지(jinair.career.co.kr)에서 지원서 작성

④ **전형절차**

⑤ **제출서류**

　1차 면접시 : 취업보호대상자 증명원 원본 1부(소지자에 한함)

⑥ **근무지** : 서울

⑦ **기타 사항**

- 국가보훈대상자는 관계 법령에 의거하여 우대합니다.
- 제2외국어(일본어, 중국어) 능통자는 전형 시 우대합니다.
- 객실승무원은 2년간 인턴으로 근무 후 소정의 심사를 거쳐 정규직으로 전환 가능합니다.
- 전형단계별 일정 및 합격발표는 채용 홈페이지에 별도 공지 예정입니다.
- 제출된 서류는 채용 목적 이외에는 사용하지 않습니다.
- 졸업예정자의 경우 학기 중 입사가 가능하며 8월 졸업이 가능한 자에 한합니다.

⑧ **문의처**

- 문의 전, 공지사항을 먼저 확인하시기 바랍니다.
- 기타 지원관련 문의사항은 채용문의 게시판을 이용하여 주시기 바랍니다.

티웨이항공 채용 공고

t'way **티웨이항공**

① 모집부문 및 응시자격

모집부문	구분	인원	응시자격 및 우대사항	근무지
객실승무	경력	0명	객실승무 경력 3년 이상인 자(비행경험)	서울
	신입	0명	• TOEIC 550점 이상 성적 소지자 • (2014년 년 4월 이후 국내 정기시험 취득 조건) • 제 2 외국어(중국어, 일본어)능력 우수자 우대	
공통사항			• 전문대졸 이상, 전공무관 • 기졸업자 및 2016년 8월 졸업예정자 • 해당 분야 관련자격증 소지자 우대 • 외국어능력 우수자 우대 • 취업보호대상자 및 장애인은 관련법에 의거 우대 • 남자의 경우 병역필 또는 면제자 • 해외여행에 결격사유가 없는 자 • 신체검사 기준에 결격사유가 없는 자	

※ 근무지는 회사 사정에 따라 변경될 수 있습니다.

※ 신입인턴의 경우, 인턴사원으로 근무 후 심사를 거쳐 정규직으로 전환됩니다.

　(인턴 근무기간 : 객실승무-1년)

※ 지원 분야별 중복지원은 불가능합니다.

② 접수 및 발표

　• 서류접수 : 2016년 6월 14일 ~ 6월 23일 24:00(자정)

　• 채용 사이트(https://recruit.twayair.com/)에서 온라인 접수 및 조회 가능

　※ 마감일은 접속 폭주가 예상되오니, 마감일 이전에 접수하여 주시기 바랍니다.

③ 전향 절차 및 일정

- 서류합격자 발표 : 2016년 6월 30일(목) 17:00 이후
- 면접전형 : 7월 중 예정

※ 세부 일정은 서류전형 합격자 발표 시 공지합니다.
※ 입사(예정)일 : 2016년 9월 중 입사 예정

④ 기타사항

- 제출서류 : 최종면접 참석 제출
- 최종학교 졸업(예정)증명서 및 성적증명서
- 공인기관 발행 어학 성적증명서 원본(2014년 6월 이후 취득조건)
- 자격증 사본(해당자에 한함)
- 경력증명서(해당자에 한함)
- 취업보호대상자 및 장애인증명원(해당자에 한함)

TAKE-OFF

LANDING

NO USE MOBILE

TAXI

BABY

INPORMATION DESK

TOILET

CONVEYOR BELT

COMMON ROOM

입사지원서
작성법

Chapter

03

입사지원서 작성법

입사지원서는 지원자에 대한 정보를 체계적으로 정리하여 문서화한 것으로 이력서와 자기소개서로 구성된다. 입사지원서는 지원회사와 지원자의 첫 만남과도 같다. 입사지원서만 봐도 지원자가 어떤 사람인지 짐작이 가능하므로 심혈을 기울어 작성하도록 한다. 항공사에서는 서류전형을 통해 항공사에서 원하는 인재를 1차로 선별하는 데, 대한항공은 1차 서류합격률이 높은 반면, 아시아나항공은 상대적으로 많은 지원자를 탈락시키고 있다.

입사지원서를 면접과 전혀 별개의 것으로 생각하는 지원자들이 있다. 그러나 입사지원서는 1차 서류전형만을 위한 것이 아니다. 2차, 3차 면접 시 면접관들은 입사지원서를 보고 질문을 하는 데, 특히 임원면접 시 입사지원서의 내용을 바탕으로 질문하는 경우가 많다. 그러므로 작성 시 지원자의 특성이 잘 드러나도록 작성하며, 면접 전 내용을 다시 한번 숙지하여 지원서 내용과 상이한 대답을 하지 않도록 주의한다.

1 이력서 작성법

서류전형 평가 시 이력서의 모든 항목은 점수화되어 평가된다. 이력서를 통해 나이, 전공, 학력, 자격증, 외국어 성적, 거주지, 키, 몸무게 등을 확인할 수 있다. 취미/특기, 자격증 취득 여부 등을 통해 경험과 능력을 평가받게 되며, 대학전공 및 사회경험을 통해 입사 후 업무수행능력을 평가받는다. 자신의 역량을 최대한 보여주기 위해 평소에 이력서에 작성할 스펙을 준비하도록 한다.

1) 이력서 작성 5가지 원칙

① 표준어를 사용한다.

이력서는 인사담당자 및 회사임원들이 모두 보는 문서이다. 이력서는 표준어한글로 작성하는 것이 원칙이며, 이따금씩 영어를 쓰거나 국한문을 혼용하는 것도 좋으나 정확하지 않은 것은 쓰지 않도록 한다. 특히, 오탈자나 맞춤법에 주의하도록 한다.

② 모든 내용은 솔직하게 쓴다.

이력서를 통과하기 위해 경력을 조작하거나 필요 이상 과장하는 지원자가 있다. 그것으로 서류면접을 통과할지는 몰라도, 반드시 면접에서 창피를 당하며 결국 탈락하게 된다. 만에 하나 면접까지 통과했다 해도, 입사를 앞둔 시점에서 취소를 당하는 등 좋지 않은 결과가 있을 수 있다.

③ 간단하게, 그러나 강렬하게 작성한다.

인사담당자가 한 사람의 이력서를 보는 데 걸리는 시간은 채 1분을 넘기지 않는다고 한다. 따라서 이력서는 간단하면서도 한편으로는 인사담당자의 눈길을 한눈에 끌 수 있을 만큼 강렬해야 한다. 때로는 중요한 부분을 굵은 글씨로 작성하는 것도 좋은 방법이다.

④ 빈칸을 남김없이 쓰려고 노력한다.

이력서에 빈칸이 있으면 인사담당자 입장에서 성의 없는 지원자라고 생각하기 쉽다. 채울 수 있는 칸은 가능한 모두 채워야 한다. 꼭 기업에서 우대하는 사항은 아닐지라도 학창시절을 성실하게 보냈다는 증표가 될 수 있을 것이다.

⑤ 증명사진, 지나친 수정은 피한다.

승무원 이력서 사진은 윗니를 드러내고 환하게 미소 지으며 찍는 것이 기본이다. 만약 치아가 고르지 않거나 볼살이 많아 강조되는 것이 부담스럽다면, 반드시 치아를 드러내고 찍을 필요는 없다. 종종 포토샵으로 지나치게 얼굴을 수정해서 실제 자신의 모습과 크게 달라 면접관을 당황시키는 경우가 있다고 한다. 이런 경우, 첫 이미지부터 신뢰를 잃어 면접에서 좋은 결과를 기대하기 힘들다.

2) 이력서 예시

이 력 서

| 최근 촬영한
상반신 사진
(3cm×4cm) | | | | 지원
분야 | |

성 명	한글		주민등록번호	-
	漢字		생년월일	. . .(만 세)

연락처	현 주 소	(우편번호)				
	전화번호	- -	긴급연락처	- -	E-Mail	

학력사항	기 간	출신학교	전공	평 점	백분율	기 타
	~	고등학교	* 평점, 백분율은 대학교 이상 기재			
	~	대 학	과	/	%	□졸업 □졸업예정
	~	대학교	과	/	%	□졸업 □졸업예정
	~	대학원	과	/	%	□졸업 □졸업예정

병역	군 별	병 과	계 급	복무기간		제대구분	미필사유
				년 월 일~ 년 월 일 (년 개월)		□ 만기 □ 의가사	

외국어	외국어명	수준	어학 인증시험 점수	자격면허	자격명 (등급)	취득일자	시행처	자격(면허)번호
		상·중·하	/ 점					
		상·중·하	/ 점					

동아리활동 및 사회봉사 활동	

가족사항	관 계	성 명	생년월일	학 력	직 업	회 사 명	최종 직위	동거 여부

기타	취미		특기		종교		보훈 대상	대상, 비대상
	시력	좌) /우)	신장		체중		혈액형	

② 자기소개서 작성법

항공사마다 자기소개서 항목은 다르지만, 기본적으로 지원동기, 성격의 장단점, 입사 후 포부 등이 포함된다. 인사담당자들은 자기소개서를 통해 지원자의 직무적 합성, 직무에 대한 이해, 인성, 입사의지 등을 판단한다. 그러므로 자신의 경험을 바탕으로 자신이 갖고 있는 능력과 자질을 충분히 설명하고, 기업이 원하는 승무원으로서 지원항공사의 발전에 기여할 수 있는 인재라는 것을 각인시키도록 한다. 그리고 항공사 분석 내용을 바탕으로 지원회사에 대한 관심과 열정을 표현한다.

1) 자기소개서 작성 전 준비단계

자기소개서를 작성하기 위해서는 준비단계가 필요하다. 1단계, 자기분석을 통해 지원자의 경험을 정리하는 것이다. 2단계, 항공승무원의 직무분석을 통해 직무 핵심역량 키워드를 찾아낸다. 이때 지원항공사의 인재상도 함께 참고한다. 3단계, 항공승무원 핵심역량과 나의 경험을 연결하고 각 항공사의 자기소개서 항목에 맞게 적용한다.

1단계 / 자기분석 ▷ 2단계 / 직무분석 ▷ 3단계 / 키워드 연결

① 자기분석

자기소개서를 쓰기 위해서는 그동안 어떤 일들을 해왔는지 자신의 경험을 정리하는 시간이 필요하다. 그런데 본격적으로 취업 준비를 하면서 이력서와 자기소개서를 쓰려고 하면 특별한 경험이 없어 쓸 것이 없다는 지원자들이 많다. 그러나 자기소개서에서 다뤄야 하는 경험은 지원자들이 일반적으로 생각하는 특별한 경험이 아니다. 아무리 공모전이며 인턴에 해외유학을 다녀왔다 해도 그 경험에 의미를 부여하지 못하면 소용이 없다. 이미 가지고 있는 경험을 풀어내고, 그 경험이 가진 나만의 의미와 가치를 파악하여 표현할 수 있어야 한다. 다시 말해, 일반적

이고 평범한 경험이 가진 나만의 의미를 찾아냈을 때 그 경험이 자기소개서의 소재로 다뤄질 수 있다는 것이다. 경험 그 자체가 얼마나 특별하냐가 아니라 경험과 생각이 얼만큼 조화를 이루냐가 바로 좋은 자기소개서의 결정적인 요인이 된다.

　아래와 같이 자신이 보유한 경험을 정리한다. 사소한 것이라도 과거에 했던 경험을 생각나는 대로 적어본다.

 성장과정 및 가치

항목	소재
부모님의 가르침	
성장 배경(장녀, 대가족 등)	
인생의 터닝포인트	
가치관과 관련 경험	
취미 및 동호회 활동	
자신의 좋은 습관	
여행 경험	

 대회 활동

항목	소재
봉사/서포터즈 활동	
어학연수/봉사활동	
해외 경험	
아르바이트	
인턴활동	
공모전 참여	
자격증/ 교육이수	
기타	

대학생활

항목	소재
기억에 남는 전공 수업	
프로젝트 경험	
교내외 동아리 활동	
학과 및 학생회 활동 (의전, MT, 축제 등)	

 나의 내면 알아보기

항목	내용	비고
가장 보람을 느꼈던 경험		
최근 가장 기뻤던 경험		
살면서 가장 슬펐던 경험		
나에게 가장 큰 영향을 준 사람		
가장 중요하다고 생각하는 것		
가장 잘할 수 있다고 생각되는 일		
특별한 재능이 있다 고 판단되는 일		

② 직무분석

직무를 이해하지 못하고 서류를 쓰게 되면 좋은 결과를 얻기 힘들다. 항공사에서 원하는 역량의 경우 항공사 홈페이지를 통해 쉽게 확인할 수 있다. 이때 항공사의 인재상도 함께 참고한다. 기업 사이트 내에 존재하고 있는 현직자의 인터뷰 또는 현직자의 하루 일과와 관련 내용을 참고하는 방법도 있다. 직무만 잘 이해해도 스펙과 상관없이 성공적인 결과를 얻어 낼 수 있다.

● **항공승무원의 업무**

• 운항 전 기내점검
- 비행 전 필요한 사항을 확인하며, 객실 내 비상장비, 의료장비 및 서비스용품 탑재 등을 점검한다.
• 안전 및 보안 점검
- 항공기 안전운항을 위해 기장과 협조하여 운항 중의 승객 안전과 쾌적한 비행 환경을 조성, 유지하는 책임을 가진다.
- 기내의 보안장비 점검 및 보안검색을 하며, 기내수화물 탑재상황을 파악하고 승객에게 안전브리핑을 실시한다.
• 운항 중 고객 서비스
- 좌석안내, 기내방송, 식사 및 음료제공, 입국관련 서류점검, 기내 면세품 판매 등 승객의 편안한 여행을 위한 서비스를 제공하는 업무를 수행한다.

● **항공승무원의 필요역량**

• 개인적 특성 : 적극성, 주도성, 정확성, 섬세함
• 자기관리능력 : 자신감/자기확신, 스트레스 조절, 이미지관리, 체력관리
• 대인관계능력 : 팀워크/협력, 친화력, 리더십
• 상황대처능력 : 판단력, 순발력, 유연성
• 직업적 특성 : 고객지향성, 책임감, 조직헌신

- 전문적 지식과 스킬 : 전문적 지식, 외국어능력, 국제적 감각, 준비성

● **항공사별 채용조건**

- 건강한 신체
- 밝고 호감 가는 이미지
- 사교성과 친화력, 적극적인 성격
- 서비스 마인드
- 지식과 교양(외국어 실력)

● **현직 항공승무원에게 정보 얻기**

직무를 이해하는 가장 좋은 방법은 현업자를 만나는 것이다. 항공승무원을 만나 정보를 얻고 직무에 대한 이해도를 높이도록 한다. 다음 질문리스트를 활용해보자.

- 객실승무원 업무에 필요한 역량 및 기술은 무엇인가?
- 해당 역량이 필요한 이유는 무엇이고, 어떻게 사용되는가?
- 전공지식이 필요한가? 필요하다면 무엇을 심화시켜야 하는가?
- 업무상 외국어 실력은 어느 정도 필요한가?
- 일하는 데 어려움은 무엇인가?
- 10년 차까지 순차적으로 무슨 일을 하는가?
- 10년 후의 목표는 무엇으로 잡아야 하는가?
- 일의 흐름은 어떻게 돌아가는가?
- 업무를 하는 데 학벌은 중요한가?
- 어떤 점을 강조하면 좋은 평가를 받을 수 있을 것이라 생각하는가?
- 관련 분야에 대해 더 자세히 이해하기 위한 교육이나 책을 추천해 줄 수 있는가?
- 자신이 갖고 있는 경험 중 어떤 점을 강조하면 좋다고 생각하는가?

KALMAN 객실승무원이 말하는 직무이야기

Q. 객실승무원의 매력은 무엇인가요?

세계 여러 나라에 방문하고 다양한 경험을 할 수 있다는 것이 대한항공 객실승무원의 가장 큰 매력이라고 생각합니다. 기내에 탑승하시는 승객뿐 아니라, 수많은 현지인을 만나면서 각기 어떤 삶과 어떤 생각을 가지고 살아가는지에 대해 이해하는 계기가 되었습니다. 이기적인 마음으로 치열하게만 살아온 제 자신을 돌아보게 되는 순간들이 많았던 것 같습니다. 때로는 강한 체력을 요구하는 비행업무에 지칠 때도 있지만, 새로운 도시에서 만나는 이국적인 풍경과 맛, 사람들이 있기에 대한항공 승무원으로 일하는 것이 행복하다고 생각합니다.

Q. 객실승무원의 근무 방식을 간략히 소개해 주세요.

객실승무원은 한달 단위 비행스케줄에 따라 근무하게 되므로, 보통 장거리 비행 후 2일, 중거리 비행 후 1일 정도의 휴일을 부여받습니다. 팀장과 부팀장을 포함하여 14~15명의 승무원이 한 팀에 소속되어 함께 비행근무를 하게 됩니다.

Q. 기억에 남는 에피소드가 있다면 소개해 주세요.

대한항공에는 기내에서 생일을 맞이하는 승객에게 기념케이크와 축하카드를 증정해 드리는 서비스가 있습니다. 뉴욕으로 가는 비행기에서 생일을 맞이하신 50대 남자 승객께 정성스럽게 카드와 함께 케이크를 드리며 축하인사를 드렸습니다. 하지만 돌아오는 반응은 조금 당황스러웠습니다. 손님께서는 잠시 당황해 하시는 듯 하더니 눈물을 글썽이며, 바쁜 업무로 생일을 잊고 있었는데 생각지도 않은 곳에서 축하를 받게 되어 큰 감동을 받았다고 말씀하셨습니다.

1년에 단 한 번인 생일조차 잊고 지나갈 만큼 바쁜 일상을 살아가는 현대인에게 작은 기쁨과 감동을 줄 수 있는 저의 직업에 다시 한번 자부심을 갖고 감사하게 된 계기가 되었습니다.

Q. 승무원을 꿈꾸는 지원자에게 하고 싶은 말이 있나요?

객실승무원을 꿈꾸세요? 화려한 겉모습만으로 승무원의 꿈을 가지는 분들이라면, 진정한 서비스맨으로 성장하기 힘들 것입니다. 승무원에게는 밝은 미소, 외국어 실력, 건강한 체력 모두 중요하지만, 기본적으로 '사람을 사랑하는 마음'이 전제되어야 한다고 생각합니다. 흔히들 '고객을 가족처럼'이라는 말을 하고는 합니다. 하지만 이를 실천하기까지는 많은 노력이 필요합니다. 승객을 그저 손님으로만 생각한다면 업무는 고되게 느껴지고 감동을 주는 서비스를 하기 힘들 것이라 생각합니다. 진심으로 승객의 입장에서 가족을 대하듯 한다면, 맞춤서비스를 제공할 수 있는 명품항공사의 승무원이 될 수 있을 것이라 생각합니다.

출처 : 대한항공 홈페이지(http://recruit.koreanair.co.kr)

③ 나의 경험과 직무역량 연결하기

직무에 대한 이해가 쌓였다면 이제 직무 수행에 필요한 역량을 내 경험에 비추어 적용할 수 있어야 한다. 직무에서 필요로 하는 역량이 무엇인지, 이를 갖추기 위해 나는 어떤 경험을 했는지 연결시켜야 한다. 중요한 것은 새로운 관점에서 경험을 통해 무엇을 얻을 수 있었는지 파악하고, 경험에서 얻은 것과 직무와의 접점을 찾는 것이다. 만약 핵심 역량에 부족한 부분이 있다면 이를 계획적으로 보완해야 한다. 아래 표에 승무원 핵심 역량과 나의 경험 항목 및 역량을 연결하여 채워 보자.

핵심 역량	나의 경험 항목 및 역량
예) 팀워크	예) 아르바이트 경험에서 배운 팀워크
예) 커뮤니케이션 능력	예) 해외 봉사활동을 통해 경험한 소통능력

* 핵심역량 예시 : 팀워크, 커뮤니케이션, 외국어능력, 체력, 긍정적인 자세, 글로벌 마인드, 배려 등

역량과 경험을 연결했다면 이제 그 경험과 역량을 자기소개서의 어떤 항목에 작성하느냐를 결정해야 한다.

대한항공 자기소개서 항목	핵심 역량	경험 소재
지원동기		
입사 후 포부	예) 팀워크	예) 아르바이트 경험에서 배운 팀워크
아시아나항공 자기소개서 항목	핵심 역량	경험 소재
성장배경	예) 커뮤니케이션 능력	예) 해외 봉사활동을 통해 경험한 소통능력
지원동기		
'열정'을 갖고 목표를 달성한 경험		
입사 후 목표 및 인생관		

2) 자기소개서 글쓰기 3단계

일반적으로 채점관은 자기소개서를 검토할 때 문장 하나하나를 꼼꼼하게 읽지 않는다. 수많은 입사지원서와 자기소개서를 접하는 인사담당자로서, 자기소개서의 각 문장에 담긴 내용을 모두 확인하는 것은 불가능하다. 대신 그들은 문장과 문장이 만나 이루어지는 전체 스토리를 확인한다. 그렇기 때문에 화려한 글쓰기 기술보다는 한눈에 들어오는 좋은 구성으로 작성하는 것이 중요하다. 지원자가 보유한 스토리를 일목요연하게 정리하고, 가장 중요한 내용을 강조하는 구성을 선택할 필요가 있다.

① **주장**(두괄식 작성)

첫 줄은 두괄식으로 표현한다. 첫 줄에서 자신이 말하고자 하는 핵심 메시지를 정확하게 전달해야 인사담당자가 쉽게 글을 읽을 수 있다.

② **사례**(핵심 내용 작성)

첫 줄에 핵심 메시지를 작성했다면 2단계는 사례를 바탕으로 글을 풀어가 핵심 메시지를 설득력 있게 작성한다. 사례를 작성 시 중요한 점은 경험만 나열해서는 안 된다는 것이다. 사례는 당시에 처한 상황과 어려웠던 점을 알려주고 그것을 해결하기 위해 본인이 노력한 부분은 무엇인지 구체적으로 서술해야 한다. 구체적으로 제시한 상황에서 어떻게 문제를 해결하였는지에 대해 남다른 역량이 있는 사람이라는 것을 표현해야 한다.

③ **강조**(결론 부분 작성)

마지막 3단계에서는 자신의 경험을 통해 무엇을 배웠는가를 작성하면 된다. 이때 자기소개서 앞부분에 제시한 주장과 생각을 다시 한번 언급하여 강조한다. 자신이 강조한 역량을 바탕으로 앞으로 회사에서 어떠한 자세로 일할 것인지 써도 좋다. 사례가 빈약한데 그 경험을 통해 배운 점을 너무 장황하게 쓰지 않도록 주의한다.

3) 자기소개서 작성 TIP

① 구체적으로 쓴다.

좋은 자기소개서는 애매모호하고 추상적인 표현들로 채워지지 않고, 명료하고 즉각적으로 이해 가능한 핵심 내용들이 많이 수록된 자기소개서이다. '앞으로 잘 하겠습니다.'식의 의지보다 자기소개를 통해 '지원자에게 어떤 경험이 있고 그 경험을 업무에 어떻게 적용할 것이며 어떤 자세로 업무에 임할 것인가'를 미루어 짐작할 수 있어야 한다. 따라서 지원자는 이러한 목적에 충실하여 구체적인 경험 사례로 평가자들은 설득해야 한다.

② 개성 있는 자기소개서를 쓴다.

합격 자기소개서는 결코 나의 자기소개서가 아니다. 회사는 지원자의 글쓰기 능력이 아닌, 지원자의 승무원으로서의 자질을 보려는 것이다. 자신만의 차별화된 경험으로 나의 개성이 들어간 자기소개서를 작성하라. 남들과 특별히 다를 것 없는 지원서를 제출해놓고 인사담당자들의 시선을 사로잡기 바란다는 것은 요행을 바라는 것과 마찬가지다. 처음 자기소개서를 적성하는 것이 결코 쉬운 일은 아니다. 그러나 채용공고가 난 회사를 꼼꼼하게 분석하고 직무를 잘 분석해서 활용할 수 있을 만한 자신의 장점과 경험을 찾아 자기소개서를 쓰는 수고가 2차 면접에서 나만의 답변을 준비하는 밑거름이 될 수 있다. 자기소개서에 많은 시간과 노력을 투자해 이렇게도 써보고 저렇게도 쓰다 보면, 회사가 뽑고 싶어하는 자기소개서를 완성하게 될 것이다.

③ 애사심 및 충성심을 어필한다.

아무리 뛰어난 실력이 있다 해도 회사에 대한 애사심과 충성도가 느껴지지 않으면 인사담당자 입장에서는 망설이게 된다. 어느 기업에나 제출 가능한 자기소개서는 회사에 대한 애정을 나타낼 수 없다. 따라서 일단 자기소개서를 작성하기전, 기업의 사이트에 방문해 최근 동향 및 뉴스를 확인할 필요가 있다. 그것을 보며 느낀 점을 자기소개서에 진솔하게 기술한다.

④ 팀워크와 서비스능력을 강조한다.

기업들은 팀워크와 실무능력이 있는 인재를 원한다. 경제가 악화되고, 채용하는 신입사원의 수가 줄어들수록 회사에 쉽게 적응할 수 있는 현명한 인재를 원하는 것이다. 기업이란 다수가 힘을 합쳐 하나의 성과를 이루어내는 곳이기 때문에 팀워크와 실무능력이 빠질 수 없는 덕목이다. 따라서 지원자는 이 점을 분명하게 어필해야 한다. 자신의 경험을 비추어 설득력 있고 명확한 근거를 제시하도록 한다.

⑤ 논리에 맞게 작성한다.

논리란, 앞에서 말한 정의 또는 해답에 대한 근거를 제시하여 듣는 사람이 수긍하게 하는 일련의 과정이다. 지원자들의 자기소개서나 입사지원서를 심사하고 면접을 하는 이들은 모두 꽤 오랫동안 회사 생활을 해온 이들이다. 수많은 보고서를 작성해 본 경험이 있고 검토해 보기도 한 이들 입장에서 논리에 맞지 않는 글을 읽거나 그런 이야기를 듣다 보면 심사가 불편할 수밖에 없다. 앞뒤 문맥이 잘 맞지 않는 몇 문장만으로 앞으로 지원자가 수행할 업무에서도 그렇게 일을 두서없이 할 것 같다는 인상을 남길 수 있으니 주의해야 한다. 또한 자기소개서는 항상 인사담당자가 무엇을 듣고 싶어할지 생각하며 작성하는 것이 중요하다. 인사담당자가 듣고 싶어하는 키워드와 그에 걸맞은 사례나 경험을 찾는다. 그리고 하고자 하는 이야기의 주제에서 벗어나지 않도록 주의하면서 글을 작성한다.

⑥ 간결하고 명확한 문장으로 작성한다.

화려한 문장을 잘 쓴 문장이라고 착각하는 사람들이 많다. 그러나 지나치게 화려한 문장은 오히려 의미를 파악하는 데 방해가 될 뿐이다. 잘 쓴 문장은 잘 읽히는 문장이다. 잘 읽히기 위해서는 문장을 짧게 쓰는 것이 중요하다. 짧게 쓴 문장은 한눈에 들어오며 말하고자 하는 바를 정확히 드러낼 수 있다. 50자가 넘는 긴 문장은 두 개 이상의 문장으로 수정하여 간결하게 만든다.

⑦ 여러 번 읽어보고 보완한다.

좋은 글의 기본은 글을 계속해서 퇴고하여 하나의 완성본을 만드는 것이다. 퇴고를 얼마나 하는지에 따라 자기소개의 질이 결정된다. 허술한 자기소개서는 지원자를 성실함이 부족한 사람으로 보이게 한다. 수많은 자기소개서를 접한 인사담당자는 이 자기소개서가 얼마의 기간에 걸쳐 작성한 것인지 금방 알 수 있다. 충분한 시간을 가지고 자기소개서를 작성하고 수정의 수정을 반복해야 한다.

✈ 주의해야 할 표현과 맞춤법

● 피해야 할 표현

어딘가에서 본 것 같은 상투적 문구를 반복해서 사용하거나, 부정적인 어감이나 인상을 줄 수 있는 말투를 쓴다면 감점 요인이 될 수 있다.

단어	설명
나는	자신을 지칭하는 표현이지만, 다소 겸손하지 못하게 보일 수 있으므로 '저는'이라는 표현이 더 적절하다.
그럴지도 모릅니다.	추측성 표현은 우유부단한 인상을 줄 수 있다.
소심해서, 의존적이어서	경영자들은 대개 소극적인 사람을 좋아하지 않는다.

단어	설명
고집불통이라서	융통성과 유연성이 부족하다는 인상을 준다. 부정적인 단어는 되도록 피하고 긍정적인 단어를 사용해 인사담당자에게 적극적이고 밝은 성격의 지원자라는 이미지를 심어주는 것이 좋다.
대학원 진학계획	대학원에 다니기 위해서는 몇 년간 개인의 노력과 시간이 많이 들어간다. 회사업무에 소홀할 것이라는 인상을 준다.
진짜, 정말로	이러한 표현을 자주 쓰면 과장이 심한 성격으로 비칠 수 있고, 다른 이야기들은 진짜가 아닌가 싶은 생각도 들게 만들므로 강조하고 싶은 부분에만 한두 번 사용하는 것이 좋다.
맡겨만 주시면 뭐든 다 하겠다	소신이나 특별한 목표가 없는 사람으로 보이며, 시키는 일만 하겠다는 사람으로 비칠 수 있다.

● 맞춤법

자기소개서를 모두 작성했다면 반드시 다시 읽어보며 맞춤법이 틀린 문장은 없는지 꼼꼼히 체크해야 한다. 인사담당자들의 말에 따르면 의외로 입사원서와 자기소개서에 맞춤법이 틀려 서류에서 감점을 받는 경우가 많다고 한다. 사소한 것처럼 보이지만 맞춤법을 틀리면 상대에게 꼼꼼하지 못하고 부주의하다는 인상을 줘 신뢰감을 잃을 수도 있다. 공채 시 서류전형 담당자들은 엄청난 스트레스로 예민한 상황이다. 별것 아닌 실수라도 꼬투리를 잡히면 불합격으로 이어질 수 있다는 것을 기억해야 한다.

구분	내용	
되/돼	되 : "되다"에서 다를 제외한 것	돼 : "되어"의 준말
든지/던지	든지 : 이것과 저것을 선택할 때	던지 : 지난 일을 떠올릴 때
계발/개발	계발 : 정신적인 것	개발 : 물질적인 것
몇일/며칠	몇일 : 틀린 말	며칠 : 맞는 말
의례/으레	의례 : '의식'과 같은 말	으레 : '당연히'라는 뜻의 부사
안/않	안 : '아니'의 준말	않 : '아니하-'의 준말

출처 : 잡코리아

자기소개서 제출 전에 체크해야 할 8가지

1. 군더더기를 없애라.

팀이 올바른 방향으로 나아가기 위해서 팀장의 위치에 있는 사람으로서 책임감을 느껴야 한다고 생각합니다.

→ 팀이 올바른 방향으로 나아가려면 팀장이 책임감을 느껴야 합니다.

Tip 글을 길게 늘이지 말자. 분량이 짧아서 문제가 된다면 차라리 다른 문장을 추가해라.

2. 수식어를 많이 쓰지 마라.

국토대장정을 통해 정말로 뜻깊은 경험을 했습니다. 모두가 너무나 힘든 상황이었기에 가능한 한 사기를 잃지 않게 꾸준히 지속해서 독려했습니다.

→ 국토대장정을 통해 뜻깊은 경험을 했습니다. 모두가 힘든 상황이었기에 사기를 잃지 않게 꾸준히 독려하며 걸었습니다.

Tip 정말로, 아주, 많이, 가능한 한 등 수식어가 많고 중복된 글은 잘 읽히지 않는다.

3. 문장을 짧게 끊어라.

기계과와 경영학과 복수 전공을 통해 다양한 시각을 기르기 위해 노력했으며, SK에서 주관하는 대외활동에서 우수한 성적으로 표창을 받았고, 글로벌 감각을 키우기 위해 기사 구독도 꾸준히 해왔습니다.

→ 기계과와 경영학과를 복수 전공한 덕에 다양한 시각을 기를 수 있었습니다. SK에서 주관한 대외활동에서 우수한 성적으로 표창을 받기도 했습니다. 글로벌 감각을 키우기 위해 기사 읽기를 소홀히 하지 않았습니다.

Tip 무조건 단문으로 끊기보다 호흡을 보는게 중요한데, 감이 잘 안 온다면 짧은 문장으로 쓰는 게 좋다. 문장이 길면 다 읽고도 의미를 알기가 어렵다.

4. 비문인지 아닌지 살펴라.

제 목표는 ○○기업에서 냉동공조의 전문가가 되어 사회와 국가에 이바지하려고 합니다.

→ 제 목표는 ○○기업에서 냉동공조의 전문가가 되어 사회와 국가에 이바지하는 것입니다.

Tip 주술 구조가 꼬였다. '제 목표는'과 '이바지하려고 한다'가 호응하지 않는다. 주어에 맞는 술어를 쓰지 않으면 비문이 된다.

5. 접속사를 줄여라.

긴급한 상황이었습니다. 따라서 서둘러 문제를 해결해야 했습니다. 그래서 동료에게 도움을 구했습니다. 마침내 그 문제를 해결할 수 있었습니다.

→ 긴급한 상황이어서 문제 해결을 서둘렀습니다. 동료에게 도움을 구한 덕에 고비를 넘길 수 있었습니다.

Tip ~했다. 그래서 ~를 했다. 그리고 ~를 했다. 초등학생 일기를 보면 접속사가 많이 등장한다. 접속사가 많으면 글이 유치해 보이고 지루해지는 경향이 있다. 접속사를 단 하나도 쓰지 않는 건 어렵다. 적당히 쓰되 빈도를 줄이자.

6. 구절 중복

이공계에서 꾸준히 공부한 경험으로 논리적인 문제해결을 할 수 있는 계기를 마련할 수 있었습니다.

→ 이공계에서 꾸준히 공부한 경험은 논리적인 문제해결을 할 수 있는 계기가 되었습니다.

Tip '~수 있다'는 표현을 자주 쓰는 사람이 있다. 습관처럼 쓰는데 고치는 게 좋다.
의사가 모호해 보이고 문장이 너덜너덜해진다.

7. 의미 중복

우리는 성실해지기 위해서 우선 자신의 습관을 먼저 돌이켜봐야 합니다.

→ 우리는 성실해지기 위해 먼저 자신의 습관을 돌이켜봐야 합니다.

Tip 우선과 먼저 중에 하나만 있어도 된다.

8. 겹말 지우기

예측과 결과가 판이하게 달라서 문제를 방치해 둘 수는 없었습니다. 문제점을 관찰해 보고 구체화시켰습니다. 결국, 막힌 부분을 찾아 올바른 결론을 맺을 수 있었습니다.

→ 예측과 결과가 달라서 문제를 방치할 수 없었습니다. 문제점을 관찰하고 구체화했습니다. 결국, 막힌 부분을 찾아 올바른 결론을 냈습니다.

Tip '판이하다'와 '다르다'는 같은 의미라 하나만 쓰기로 한다. '관찰해 보고'도 마찬가지로 '관찰'과 '보다'라는 표현의 중복이다. '결론'의 '결(結)' 역시 '맺다'는 의미라 '결론을 맺다'는 표현도 옳지 않다. 한자어를 혼용하다 보면 서술어가 겹치는 경우가 더러 있다. '역전 앞'처럼 의미가 겹치는 말이므로 주의하는게 좋다.

구조가 복잡한 문장은 잘 읽히지 않는다. 쉽게 읽히는 글은 쓰기 어렵지만 시간을 들이면 나아진다. 글은 다듬을수록 간결해지고, 간결한 문장은 쉽게 읽힌다. 열심히 준비했는데 문장이 매끄럽지 않아 탈락하면 아쉬울 거다. 마지막까지 노력을 기울여 후회 없이 제출하자.

출처 : [대학내일] 20대 라이프 가이드 매거진

03
Chapter

입사지원서 작성법

4) 항공사별 자기소개서 항목

① 대한항공

항목 1. 지원동기

항목 2. 입사 후 포부

② 아시아나항공

항목 1. 본인의 특성과 성장배경에 대하여 기술하여 주십시오.
　　　　[500자 이상 800자 이내]

항목 2. 국제선 캐빈승무원에 지원하게 된 동기에 대하여 기술하여 주십시오.
　　　　[500자 이상 800자 이내]

항목 3. 본인이 살면서 '열정'을 가지고 목표를 달성한 경험이 있으면 기술하여 주십
　　　　시오. [300자 이상 800자 이내]

항목 4. 입사 후 목표 및 인생관에 대하여 서술하여 주십시오.
　　　　[300자 이상 800자 이내]

③ 제주항공

항목 1. 객실승무원에 지원하게 된 동기와 이를 위한 본인의 구체적인 노력에 대해서
기술해 주십시오. [1,000자 이내]

항목 2. 본인의 지식과 성격의 측면에서 장단점을 기술해 주십시오. [1,000자 이내]

항목 3. 본인의 과거경험 중, 다음의 3가지 가치 중 한 가지 이상의 항목을 적절히 활
용하여 이루어낸 성취경험이 있다면 구체적으로 기술해 주십시오.
* 3가지 가치항목: '신뢰' '도전' '팀워크' [1,000자 이내]

항목 4. 본인의 입사 후 포부 및 향후 자기계발 계획에 대해서 구체적으로 기술해 주
십시오. [1,000자 이내]

항목 5. 본인의 경력에 대해 상세히 기술해 주십시오. [1,000자 이내]

④ 진에어

항목 1. 성장과정/학교생활/연수여행경험 [100자 이상 1,000자 이내]

항공 2. 성격의 장단점 및 생활신조 [100자 이상 1,000자 이내]

항목 3. 지원한 직무를 본인이 잘 수행할 수 있다고 생각하는 이유
　　　 [100자 이상 1,000자 이내]

항목 4.인생에서 이룬 가장 큰 성취 [100자 이상 1,000자 이내]

항목 5. 지원동기 및 입사 후 포부/계획 [100자 이상 1,000자 이내]

⑤ 티웨이항공

항목 1. 성장과정 [최대 500자]

항목 2. 지원동기 [최대 500자]

항목 3. 성격의 장단점 [최대 500자]

항목 4. 입사 후 포부 [최대 500자]

⑥ 이스타항공

항목 1. 본인의 성장과정에 대하여 기술하여 주시기 바랍니다. [0자 이상 500자 이내]

항목 2. 당사에 지원하게 된 동기는 무엇입니까? [0자 이상 500자 이내]

항목 3. 자신의 장단점에 대하여 기술하여 주시기 바랍니다. [0자 이상 500자 이내]

항목 4. 입사 후 포부는 무엇입니까? [0자 이상 500자 이내]

항목 5. 기타

⑦ 에어부산

항목 1. 본인의 성장과정에 대하여 기술하여 주시기 바랍니다. [0자 이상 500자 이내]

항목 2. 당사에 지원하게 된 동기는 무엇입니까? [0자 이상 500자 이내]

항목 3. 자신의 장단점에 대하여 기술하여 주시기 바랍니다. [0자 이상 500자 이내]

항목 4. 입사 후 포부는 무엇입니까? [0자 이상 500자 이내]

5) 자기소개서 항목별 핵심 평가내용

① 성장배경

지원자들은 이 항목에 자신이 성장한 과정과 배경을 솔직히 그대로 적으면 된다고 생각한다. 그러나 인상담당자들이 지원자들의 자기소개서에서 기대하는 바는 그렇게 빤한 이야기가 아니다. 지원자만의 독특한 경험이나 체험을 통해 그 사람만의 개성이 드러나는지, 그래서 그 사람이 회사가 찾는 인재로 적합한지 판단하고 싶은 것이다. 따라서 꾸밈없이 솔직하기만 한 성장배경은 그들에게 아무 인상도 남길 수 없다.

'성장배경'은 지원자의 성격 및 성향을 파악하는 중요한 단서이다. 또한 지원자의 개성과 팀워크 능력을 알 수 있는 근거이기도 하다. 개성 있는 성장배경을 작성하고 싶다면, 회사나 직무와 연관시킬 수 있는 에피소드를 언급하는 것이 좋다. 인사담당자에게 쉽게 공감을 불러일으키거나 단번에 지원자의 특성을 어필할 수 있는 소재를 위주로 작성해 보자. 성장배경 항목에 숨겨진 기업의 의도를 고려한다면, 보유한 가치관을 토대로 어떻게 회사 생활을 할 수 있는지에 대해 얘기하는 것이 가장 이상적이다.

부모님의 직업에 따른 집안 분위기, 부모님의 교육방향, 가훈, 좌우명 등의 이야기를 시작으로 사회인으로서 어떻게 적용할지 기술해보자.

● **핵심평가 내용**

• 지원자가 성장하면서 구축한 가치관
• 지원자의 가치관과 기업의 가치관의 부합 여부

② 성격의 장단점

성격의 장단점은 조직과 업무에 개인의 성향이 적합한지를 파악하기 위함이다. 즉, 성격의 장단점은 직무와 연결시켜 회사가 선호하는 것이어야 한다. 따라서 단순히 자신의 인성이나 성격 부분만 언급하지 말고 자신의 역량과 경험 중 다른 지원자와 차별되는 점을 언급한다. 그리고 이를 뒷받침할 수 있는 사례를 함께 언급하는 데, 이때 지원한 분야와 직접 또는 간접적으로 연관된 사례를 뽑아 작성한다. 장점과 단점의 비율은 6:4 혹은 7:3 정도가 적당하다. 장점이든 단점이든 지원자가 가장 내세울 만한 것 하나를 중점적으로 기술하는 것이 좋다. 여러 가지를 나열식으로 쓰면 어떤 하나도 강조하지 못하는 결과를 초래하기 쉽다. 승무원의 직무에 도움이 될 만한 장점을 찾는다. 사교성, 인내심, 팀워크 등이 그 예로 이를 뒷받침할 구체적 예시로 설득력을 높인다. 이때 장점을 너무 자랑조로 기술하는 것은 감점요인이 될 수 있으니 주의한다. 반대로 단점은 나의 약점이기는 하나 회사 생활이나 직무 수행에 그다지 대수롭지 않은 것을 고르는 것이 좋다. 단점을 쓸 때는 진솔하게 쓰되, 개선의지를 드러내는 것이 중요하다.

● 핵심평가 내용

- 지원한 직무와 성격의 부합 여부
- 직무 수행 시 도움이 되는 성격의 장점
- 직무 수행 시 크게 부정적 영향을 주지 않는 성격의 단점
- 성격의 단점에 대한 문제 개선 의지

③ 지원동기

지원동기는 자신의 관점에서 글을 쓰는 것이 아니라 인사담당자의 입장에서 글을 써야 한다. 자신이 회사를 선택한 이유를 쓰기보다는 회사가 나를 선택해야 하는 이유를 써야 한다. 자신의 경험, 역량, 열정, 인성적인 측면에서 봤을 때, 지원 회사의 지원 직무에 가장 알맞은 사람임을 증명해야 한다. 개인의 역량과 경험을 바탕으로 직무상의 강점과 준비사항을 드러내고 객실승무원이 되기 위해 개인적으로 노력하고 열정을 발휘한 부분을 쓰면 좋다.

또한 지원동기는 회사에 대한 충성심을 확인할 수 있는 부분이기도 하다. 지원동기가 확고한 지원자는 회사에서 오랫동안 성실하게 일한다고 인사담당자들은 여긴다. 당신이 기업에 대해 잘 숙지하고 있고, 관심이 많다는 것을 객관적으

로 보여줘야 한다. 이때 기업에 대한 객관적 사실을 지원자가 보유한 경험과 접목시켜 지원동기를 작성해야 한다. 자신이 이 분야에서 어느 정도의 자신감과 애정이 있으며, 이 회사를 자신의 어떠한 기회로 여기는지 진술하고 자신 있게 어필해야 한다.

● **핵심평가 내용**

• 기업에서 발휘할 수 있는 지원자의 역량
• 기업에 대한 지원자의 관심도

④ **입사 후 포부**

회사에 대한 충성심을 또 한번 확인하면서, 지원자의 자신감과 의지를 보기 위함이다. 너무 허황되지 않되, 인사담당자를 납득시킬 수 있을 정도의 장래희망과 포부를 적는 것이 좋다. 막연하게 '열심히'나 '열정적으로'와 같은 진부한 표현을 연속적으로 늘어놓지 않도록 주의하고, 뜬구름 잡는 듯한 애매모호한 말을 늘어놓는 것보다는 구체적이고 확고하게 포부를 밝히는 것이 좋다.

입사 후 포부를 작성할 때 다음을 꼭 기억하라.

㉠ 자기계발 계획, 대학원 진학 등 개인에게만 도움이 되는 듯한 내용은 피한다.
㉡ 모호하고 추상적인 이야기보다 실제로 실현할 수 있는 상세한 계획을 작성한다.
㉢ 객실승무원 분야와 연관된 계획을 짠다. 이때 구체적으로 수치화된 목표치를 기술하면 좋다.
㉣ 회사의 전략과 일치하는 개인 성장 로드맵을 기술한다.
㉤ 객실승무원 직무에서 할 수 있는 역할과 노력에 집중한다.

● **핵심평가 내용**

• 입사 후 지원자가 역량을 발전시킬 가능성
• 기업이 지향하는 바에 대한 지원자의 이해도

TAKE-OFF

LANDING

NO USE MOBILE

TAXI

BABY

INPORMATION DESK

TOILET

CONVEYOR BELT

COMMON ROOM

Chapter

04

면접
이미지메이킹

Chapter

04

면접이미지메이킹

한 취업사이트에서 인사담당자들을 대상으로 면접 시 첫인상의 중요성에 대해 설문한 결과, 첫인상이 면접에서 많은 비중을 차지한다는 응답자가 거의 90%를 차지하였다. 첫인상으로 지원자의 호감도를 판단하는 데 영향을 끼치는 요소에 관한 조사에서는 인사담당자 31.6%(73명)가 지원자의 얼굴표정을 가장 중요한 판단기준으로 삼았으며 그 외에도 면접관들은 인사 또는 말할 때의 제스처(22.5%), 복장(13.4%,) 얼굴 생김새(12.1%), 목소리(11.3%), 머리스타일(4.8%), 키 또는 체중(4.3%) 등을 기준으로 지원자의 호감도를 평가한다고 응답하였다. 특별히 승무원의 직무 특징을 생각한다면 첫인상은 승무원 면접의 전부라 해도 과언이 아니다. 따라서 표정, 자세, make-up, 복장, hair-do 등 어느 것 하나 소홀함 없이 완벽한 면접 이미지메이킹을 준비해야 할 것이다.

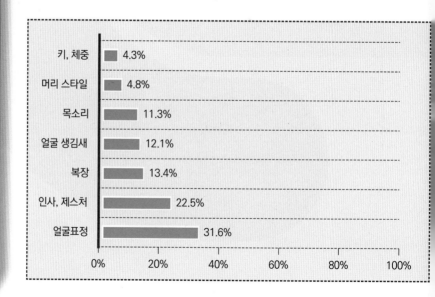

1 표정

　사람의 얼굴표정은 그 사람의 심성과 감정에 의해서 작용하고, 개인의 생각이나 심리상태 등이 나타낸다. 얼굴표정에는 그 사람의 습관이 잠재되어 있고 외부로 표출된 표정을 통해 그 사람의 됨됨이도 가늠할 수 있다. 그러므로 얼굴표정은 말 다음으로 중요한 정보전달 매체라고 할 수 있다. 얼굴은 감정을 표현하는 비언어적 의사소통 채널로서 얼굴표정을 통한 감정표현은 대인관계에 있어서 자기 생각과 정서를 가장 훌륭하게 표현할 수 있는 수단이다. 얼굴은 의사소통 잠재력이 가장 많은 부분이며, 우리의 감정을 가장 많이 나타내는 신체 부위이기도 하다. 얼굴표정은 자신의 의지와 상관없이 진실한 감정을 드러내게 된다. 따라서 사람들이 의사소통할 때 나타내는 얼굴표정은 전달하고자 하는 의미와 일치하는 않는 경우가 있기 마련인데. 이처럼 필요에 따라 원하는 얼굴표정을 잘 조절하는 것은 매우 중요한 비언어적 대인관계 기술이다.

　최상의 모습을 보여줘야 할 면접장임에도 불구하고 긴장한 나머지 경직된 표정으로 면접에 임하는 지원자들이 많다. 밝은 표정은 승무원의 트레이드 마크인 만큼 면접 시 자연스러운 표정 연출은 필수이다. 따라서 긴장된 상황에서도 평정심을 유지하고 미소를 잃지 않기 위한 훈련이 필요하다. 표정은 한순간에 만들어지는 것이 아니므로 평소에 꾸준히 연습해야 한다.

2 자세

자세는 비언어적인 요소이지만 언어적인 의사소통을 하는 동안 상대방의 감정에 많은 영향을 미친다. 자세는 다른 몸짓 언어와 마찬가지로 면접자의 신상과 마음가짐에 대한 정보를 전달해 준다. 자세는 얼굴표정이나 몸짓보다는 전체적인 상대방의 상태를 알 수 있는 단서로 작용한다. 바른 자세는 강한 자신감이나 개방성을 나타낸다. 자세는 외적인 표현뿐 아니라 그 사람의 신상이나 마음가짐 등에 대해서 많은 정보를 전달해 준다. 성격이 적극적인 사람은 늘 진취적인 자세를 취하는 데 반해서, 성격이 소극적인 사람은 항상 불안하고 유동적인 자세를 취하고 있다. 자세는 취하는 사람의 관점에서 의도적이든 아니든 바라보는 사람으로서는 상대의 자세가 내면적인 요소들이 외면으로 표출된다고 생각되기 때문에 대상을 평가함에 있어서 중요한 요인이 된다.

걸음걸이는 오랜 기간 동안 자연스럽게 습득하게 되는 습관 중의 하나이며 상황과 심적 상태에 따라 걸음걸이의 형태는 변할 수 있다. 즉, 걸음걸이는 대상을 평가함에 있어서 중요한 평가요인이 된다. 면접에서 자신감 있는 모습과 신뢰감을 주는 걸음걸이는 머리를 들고 걸을 때 턱을 살짝 목 쪽으로 당기고 머리는 유연하게 움직이는 것이다. 침착하고 자연스러우면서도 긴장하지 않고 자신 있는 태도를 끝까지 유지하면 면접관에게 좋은 인상을 줄 수 있다.

3 Make-up

요즘은 자연스러운 메이크업이 대세이지만 승무원은 유니폼을 착용하기 때문에 그에 어울리는 세련된 메이크업이 필요하다. 그러나 너무 진하고 두꺼운 메이크업은 호감을 주기보다는 그 반대로 안 좋은 이미지를 줄 수 있다. 이런 메이크업은 면접장에서도 반영된다. 진한 메이크업을 한 지원자는 메이크업하지 않은 지원자보다 오히려 감점이 클 수 있다는 설문결과가 있다. 사회 초년생에게는 진한 메이크업보다는 투명하고 밝은 메이크업이 어울린다. 풀 메이크업을 하되 부드럽고 자연스러운 얼굴을 연출해야 한다.

메이크업은 얼굴의 장점을 부각하고 단점을 보완하여 때와 장소와 상황에 맞게 연출해야 한다. 아름답고 자연스러운 메이크업을 하기 위해서는 얼굴을 바로 알고 자신에게 맞는 올바른 메이크업 기술을 익혀 많은 연습을 통해 스스로 할 수 있도록 해야 한다. 메이크업에 자신이 없어 면접날에는 메이크업 숍에서 받고 간다고 해도 스스로 얼굴의 특징을 잘 알지 못하면 메이크업 아티스트에게 자신이 원하는 스타일을 정확히 요구할 수 없다.

1) 기초 Make-up

먼저 메이크업이 잘 받을 수 있도록 촉촉한 피부를 만들어야 한다. 기초 메이크업을 제대로 해두지 않으면 들뜬 메이크업 때문에 온종일 신경 쓰일 것이다. 스킨과 로션을 바르고 부족함을 느낄 때는 보습감이 있는 크림을 바르도록 한다. 유분이 너무 많은 크림은 메이크업을 겉돌게 할 수 있으니 피부 상태에 따라 잘 조절한다. 프라이머나 메이크업 베이스로 모공이나 피부 톤을 정리하여 피부 표현이 더욱 잘 될 수 있도록 준비한다.

2) 피부 표현 메이크업

베이스로 피부 톤을 정리했다면 자신의 피부 톤보다 한 톤 밝은 파운데이션을 바른다. 잡티를 커버하기 위해 파운데이션을 두껍게 덧바르기보다는 컨실러를 이용하거나 트윈케이크와 같은 콤팩트를 가루로 만들어 파운데이션과 섞어 바르면 커버에 탁월하다. 마지막으로 소량의 무색 루즈 파우더로 가볍게 마무리한다. 파우더를 많이 바르면 주름이 잡힐 수 있으니 밀착이 필요한 곳에 조금만 바른다.

3) 눈썹

눈썹은 얼굴선 중에서 가장 중요한 역할을 한다. 눈썹선의 모양, 방향, 두께, 그리고 색상으로 얼굴의 표현을 완전하게 바꿀 수 있다. 요즘 눈썹 메이크업의 특징은 인위적으로 모양을 만들어 그리는 것보다 자연스럽게 자신의 눈썹을 살려 그리는 것이다. 잡지나 드라마에서 여자 연예인들의 눈썹을 보면, 본인의 눈썹에 색깔만 입히는 정도로 더욱 간편하고 쉽다. 그러나 지나치게 유행을 좇는 메이크업은 전문적 인상을 줄 수 없으니 주의한다.

눈썹의 두께는 얇은 것보다는 두껍게 그리는 편이 낫다. 신뢰감을 줄 수 있기 때문이다. 그러나 요즘 유행하는 두꺼운 일자 눈썹은 승무원의 이미지와는 어울리지 않으므로 피하는 것이 좋다. 눈썹 칼로 눈썹을 정리한 후 필요에 따라 눈썹연필로 전체적인 윤곽을 잡은 후 눈썹과 비슷한 컬러의 아이섀도나 눈썹 전용 섀도를 사용하여 사이사이를 채우도록 한다.

갈매기 눈썹처럼 각이 진 눈썹은 인상이 사납고 나이 들어 보일 수 있고, 각이 너무 없으면 눈썹이 처져 우울해 보인다. 눈썹의 3분에 2지점에 눈썹 산을 만들고 자신의 얼굴형에 어울리는 눈썹을 그리도록 한다. 눈썹은 하루아침에 완성되기 어려운 부분으로 반복된 연습을 통해 미리 그릴 수 있도록 준비해 둔다.

4) 아이섀도

아이섀도는 눈의 색감과 음영을 주어 입체감 있는 눈을 연출하며 눈의 단점을 커버해 주는 효과가 있다. 또한, 섀도 색상이 전체 이미지 전달에 큰 역할을 하므로 중요하다. 면접관들은 보수적인 메이크업을 선호한다. 요즘 유행하는 스모키 메이크업이나 펄이 많은 화려한 메이크업은 자제하도록 한다. 아이섀도는 자칫 밋밋하고 어려 보일 수 있는 얼굴에 화사한 분위기와 더불어 성숙함까지도 줄 수 있는 중요한 수단이 될 수 있다.

아이섀도의 무난한 컬러로는 오렌지, 브라운, 핑크 톤 등의 계열이 있다. 화려한 컬러로 표현하기보다는 몇 가지의 아이섀도를 사용해 입체적이고 은은한 느낌을 줄 수 있는 정도로 표현하도록 한다. 눈에 따라 흰색 계열이나 베이지 톤의 베이스 컬러를 바르고 그 위에 자신에게 가장 잘 어울리는 컬러를 선택하여 표현하도록 한다. 아이섀도 사용 시 조합하여 사용하는 색상 선택이 어렵다면 시중에 3~4가지 색상을 한 패키지로 판매하는 상품을 구입하면 조합이 잘 되는 색상으로 자연스럽게 표현하는 데 무리가 없을 것이다. 아이섀도 메이크업은 다양한 색 상을 어떻게 표현하느냐에 따라 인상이나 분위기가 많이 달라지기 때문에 메이 크업 과정 중 가장 어렵다고 느낀다. 몇 가지 색상을 섞어서 사용할 때에는 그라 데이션이 중요하다. 연습을 통해 자신에게 가장 잘 어울리는 색상과 표현법을 익 히도록 한다.

5) 아이라이너

면접 시에는 평상시 메이크업보다 더 또렷하고 스마트한 눈매를 연출해야 한다. 평소 또렷한 눈매를 가지고 있더라도 다른 지원자들과 함께 섰을 때 아이 메이크 업을 하지 않으면 상대적으로 덜 분명해 보일 수 있으므로 아이라이너와 마스카라 를 사용하여 또렷한 눈매를 만들도록 한다. 붓 타입의 아이라이너는 초보자가 사 용하기에 다소 어려울 수 있으니 펜슬타입이나 젤타입을 사용하는 것이 좋다. 짙 은 색상의 아이섀도로 라인을 잡으며 그릴 수도 있지만, 시간이 지나면 지저분해 져 칙칙해 보일 수 있으니 주의한다.

마스카라는 뷰러를 이용해 눈썹 모양을 잡아준 후 뿌리부터 꼼꼼히 발라준다. 마스카라가 번져 어두워 보이거나 피곤해 보일 수 있으니 워터 프루프 제품을 사 용한다.

6) 음영 메이크업

객실승무원 면접 시 지원자와 면접관과의 간격은 약 1~2m이다. 따라서 거리를 두고 보기에 또렷하고 분명한 메이크업이 필요하다.

눈 밑 다크서클은 지원자를 우울하고 건강하지 않은 모습으로 보이게 한다. 파 운데이션을 바르기 전에 눈 밑 전용 컨실러를 발라 밝은 느낌을 줄 수 있고, 하이 라이트를 이용해 눈빛을 보다 밝게 표현할 수도 있다. 눈빛 표현만 잘해도 사람의 이미지가 많이 달라 보일 수 있으므로 눈 밑은 밝게 연출하도록 한다.

볼터치는 지원자를 건강하고 생기 있어 보이게 한다. 혈색 있는 얼굴을 위해서 얼굴형에 맞게 볼터치를 하되 광대 밑까지 너무 넓게 바르면 얼굴이 처져 보일 수 있으니 주의한다. 또렷한 윤곽을 표현하는 또 하나의 방법은 T Zone 부분에 하이라이트를 주는 것이다. T Zone이란 얼굴에서 T 부분으로 표시할 수 있는 이마와 코 부위를 말한다. 미간 윗부분과 콧대에 하이라이트를 준다면 분명한 윤곽과 또렷한 인상을 줄 수 있다. 마지막으로 전체적인 얼굴에 섀딩한다. 넓은 이마가 신경이 쓰인다면 머리카락의 경계선에 전용 섀도로 칠해주고, 갸름한 턱선을 원한다면 턱부터 귀 부분까지 칠하도록 한다. 이때 V라인에 대한 과한 욕심으로 너무 덧칠하여 섀도 색상이 두드러지지 않도록 주의한다. 윤곽 섀도는 자연스러움이 가장 중요하다.

7) 립 메이크업

입술 메이크업은 얼굴 전체의 포인트 역할을 한다. 입술은 움직임이 많고 표정이 풍부하므로 눈에 잘 띄는 부분이다. 입술 화장은 입술의 윤곽을 살려주고 입술에 색감을 주어 얼굴 전체를 생동감 있게 표현해 준다.

립스틱은 개인 고유 피부색에 따라 다르게 발색되므로 매장에서 입술에 직접 발라보고 사는 것이 좋다. 누드 톤의 립스틱을 바르면 혈색이 없어 보이고, 너무 진한 색상은 나이 들어 보일 수 있으므로 면접 메이크업 색상으로 적당하지 않다. 가장 무난한 색상은 핑크, 오렌지, 핑크베이지 계열이다. 립글로스보다는 립스틱을 바르는 것이 지속력에 좋으나, 입술이 너무 건조해보이지 않도록 립스틱을 바른 후 소량의 립글로스를 발라 생기를 더한다. 입술이 건조하여 립스틱을 발랐을 때 입술각질로 색이 겉돌지 않도록 면접 전날 밤 립밤을 충분히 바르고 자는 것이 좋다. 그리고 틴트나 립스틱이 앞니에 묻어 있지 않은지 면접 전 반드시 체크한다.

8) 면접 전 수정 메이크업 Tip

면접 당일 파우치 속 필수 아이템

- 손거울, 면봉, 화장솜, 작은 병에 담은 수분크림, 기름종이, 컴팩트 타입 파운데이션, 블랙 펜슬형 아이라이너, 뷰러, 립밤, 립스틱

① 기름진 피부 수정하기

- 기름종이로 눌러 유분을 정리한다. 기름종이가 없을 때는 깨끗한 퍼프를 이용하여 눌러주어 기름기를 제거한다.
- 화장이 심하게 들뜬 경우에는 다시 파운데이션을 발라야 한다. 파운데이션을 그냥 덧바르면 뭉치거나 얼룩이 지기 때문에 먼저 수분크림을 화장솜에 묻혀 들뜬 부위를 지워준다. 수정용으로는 크림 타입보다 젤 타입의 수분크림이 효과적이다.

② 번진 눈 화장 수정하기

- 눈 화장을 수정하기 위해서는 면봉이 필수다. 면봉에 액체타입 리무버를 묻혀 파우치에 넣어 다니면 수정하기 편하다. 리무버 대신 수분크림을 사용하는 것도 가능하다. 우선 면봉으로 번진 아이라인과 언더부분을 지워준다. 펜슬형 아이라이너를 이용해 다시 그리고 뷰러로 속눈썹을 한 번 더 올려주면 된다.

③ 지워진 입술 수정하기

- 건조해서 갈라지고 지워진 입술은 수분크림을 바른 면봉으로 해결한다. 수분크림을 면봉에 발라 긁어내듯 입술을 닦은 후 화장솜을 물고 기다린다. 잠시 후 화장 솜으로 깨끗하게 닦아내면 다시 촉촉한 입술이 된다. 면접 대기시간에는 수시로 립밤을 덧발라 촉촉함을 유지하고, 면접장에 들어가기 전 립스틱을 다시 바른다.

4 Hair-do

Hair-do는 객실승무원의 이미지를 형성하는 매우 중요한 요소이다. 객실승무원의 헤어스타일은 단정하고 깔끔한 것에 중점을 둔다. 국제선 장거리 비행 시 객실승무원은 비행 준비 시간을 포함해 20시간을 넘게 근무한다. 그러므로 객실승무원의 Hair-do는 흐트러짐 없이 오래 유지하는 것이 중요하다. 승객에게 인사를 하거나 서비스 중 머리가 흘러내려 손으로 넘기는 등의 행동은 객실승무원의 정갈한 이미지를 해친다. 따라서 헤어젤이나 스프레이 등을 이용하여 머리를 고정한다. 또한, 이마를 드러내는 것은 깔끔하게 보일 뿐 아니라 승객에게 신뢰감을 높여주는 역할을 한다. 항공사에서는 앞머리를 내리는 것을 금지하고 있지는 않으나 암묵적으로 이마를 드러내는 헤어스타일을 권장하고 있다. 면접 시 지원자는 객실승무원의 헤어스타일을 기준으로 항공사별 유니폼에 맞는 깔끔하고 단정한 Hair-do를 하도록 한다.

1) 여성

① Shot Cut & 단발머리 형

- 길이는 어깨선보다 짧게 유지한다.
- 앞머리, 옆머리가 흘러내리지 않도록 젤이나 스프레이로 고정한다.
- 볼륨 있는 보브컷이 어울리며, 머리는 귀 뒤로 넘겨 단정히 드라이한다.
- 밝은 색 염색은 피한다.
- 헤어핀은 검정색으로 눈에 띄지 않게 머리를 고정시킨다.

② 포니테일(pony tail) 형

- 얼굴형에 맞게 가르마, 또는 올백형을 선택한다. 이때 가운데 가르마는 피한다.
- 머리를 뒤통수로 빗어넘겨 하나로 단정히 묶는다.

- 잔머리가 없도록 스프레이로 고정
  한다.
- 머리 고정핀은 너무 많이 하지 말고
  뒷머리 아래에 2개 정도만 사용한다.
- 묶은 머리는 부스스하거나 지저분하
  지 않도록 고데기나 드라이를 이용해
  정리한다.

③ 쪽머리 형

- 머리를 뒤통수로 빗어넘겨 하나로 단
  정히 묶는다.
- 백콤을 넣어 볼륨감을 주어 우아함
  을 연출한다.
- 묶은 머리는 실망을 이용하며 동그랗게
  말아 머리에 유자핀으로 고정시킨다.
- 잔머리가 없도록 젤과 스프레이를 이
  용하여 정리한다.

2) 남성

- 앞머리는 이마를 가리지 않도록 한다.
- 옆머리는 귀를 덮지 않도록 정리한다.
- 뒷머리는 셔츠 깃이 닿지 않도록 한다.
- 왁스, 스프레이, 젤 등을 이용하여 단
  정한 모양을 유지한다.
- 염색이나 펌을 하지 않는다.
- 가르마는 옆가르마가 적당하며 가르
  마가 없는 올백형태나 앞가르마는 피
  한다.

5 **복장**

취업 면접에 있어 패션 연출은 면접관과 지원자의 첫 만남에서 지원자의 이미지나 정보를 제공하고 더 나아가 합격에 관한 결정을 짓는 중요한 요인이다. 취업 면접 시 성공적인 패션 연출은 기업이 추구하는 이미지에 맞게 의상을 선택하는 것이 가장 중요하다. 객실승무원의 용모와 복장은 항공사의 이미지까지 결정하는 중요한 요소이기 때문에 철저한 자기관리는 필수이다. 따라서 승무원 면접에 임하는 지원자들도 면접 복장 어디에도 빈틈이 없도록 깔끔하고 단정한 이미지를 연출해야 할 것이다. 객실승무원 면접에서는 반소매블라우스와 무릎이 보이는 스커트를 착용한다. 면접 복장은 자신의 체형과 얼굴형을 고려하여 개인 특성을 맞게 선택한다.

1) 여성 면접복장 연출

① 블라우스

승무원 면접에서는 팔의 흉터나 수술 자국, 심한 알레르기 등이 있는지 확인하기 위해 반소매블라우스를 착용하도록 한다. 승무원의 유니폼을 고려하여 몸에 딱 맞아 몸매가 드러나는 것이 좋다. 색은 흰색이 가장 무난하나 유색을 입어도 무관하므로 자신의 얼굴에 가장 어울리는 색의 블라우스를 구매한다.

㉠ 소재

- 실크(흰색)
- 희고 깨끗한 피부의 지원자에게 적합하다. 피부색이 어둡거나 잡티가 있는 얼굴이라면 단점이 주목받을 수 있으므로 피하는 것이 좋다. 마른 체형, 통통한 체형 모두에게 추천할 만하다. 크림색 실크는 부드러운 느낌은 있지만, 색 자체가 반짝임 때문에 깔끔함이 덜하다. 퍼스널 컬러를 적용한다면 Worm 톤은 크림색을, Cool 톤은 흰색을 입는 것이 피부를 더 화사하게 보이게 한다. 실크 소재는 조금만 구겨져도 지저분해 보이므로 다림질에 특별히 신경을 쓴다.

- 면(흰색)
  - 실크에 비해 피부색이나 피부상태에 덜 제약을 받는 소재이다. 상체가 통통하다면 덩치가 있어 보이므로 피하는 것이 좋다.

ⓛ **얼굴형**
  - 둥글고 넓적한 얼굴 : 얼굴이 갸름해 보이는 브이넥 선택
  - 둥글고 긴 얼굴 : 목 바로 아래까지 여밀 수 있는 칼라 끝이 뾰족한 디자인 선택
  - 갸름하고 긴 얼굴 : 목 아래까지 여밀 수 있는 칼라 끝이 둥근 디자인 선택

ⓒ **목 길이**
  - 목이 짧은 체형 : 브이넥을 입으면 목이 길어 보이는 효과가 있다.
  - 목이 긴 체형 : 둥근 깃 칼라가 무난하다.
  - 목이 지나치게 긴 체형 : 스탠딩 칼라가 좋다.

 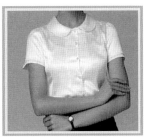 

ⓔ **어깨**
  - 어깨가 치솟은 체형 : 브이넥을 입어 목을 드러내면 시선이 분산돼 좋다.

- 어깨가 넓은 체형 : 어깨 부분이 살짝 모아지는 튤립 소매나 이중 소매를 입
  으면 어깨가 좁아 보이는 효과가 있다.

 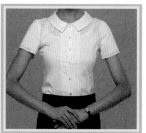

ⓜ **팔뚝**

- 통통한 팔 : 팔 부분이 조금 길거나 팔뚝을 감싸는 튤립 모양 소매가 좋다.

ⓗ **가슴**

- 가슴이 큰 체형 : 가슴 부위에 프릴 장식이 있는 블라우스로 시선을 분산시
  키면 좋다.
- 가슴이 작은 체형 : 앞에 리본이 달린 블라우스를 입으면 풍만해 보이는 효
  과가 있다.

② **스커트**

무릎이 보일 정도의 길이가 알맞으며, H라인 정장 스타일의 무늬 없는 단색을 입는다. 스커트 색은 검정색이 무난하나 자신의 개성과 체형에 맞게 와인색이나 파스텔계열을 선택해도 무방하다. 키가 작은 지원자의 경우 블라우스 색과 명도 대비가 큰 색의 스커트를 입으면 키가 작아 보일 수 있으니 비슷한 색의 스커트를 입으면 좋다. 너무 꼭 죄거나 헐렁하지 않도록 체형에 딱 맞게 수선하여 입도록 한다. 길이는 무릎 위 5cm 정도가 적당하며 너무 짧게 입지 않도록 주의한다.

- 허리가 길고 다리가 짧으며 엉덩이와 허벅지에 살이 많은 체형 : 스판 소재를 선택하고 허리 부분이 넓게 디자인된 것이 좋다. 하이웨이스트 스커트를 착용하면 다리가 길어 보인다.
- 허리가 짧고 다리가 길며 엉덩이와 허벅지에 살이 없는 체형 : 폴리에스테르 소재의 허리부분이 좁게 디자인된 것으로 한다.

③ **구두**

앞뒤가 막힌 정장용 펌프스화를 신는다. 장식이 있는 구두, 에나멜소재나 너무 뾰족한 앞코, 가보시가 많이 들어간 구두, 발등 쪽이 깊게 패여 발가락 라인이 보이는 구두는 피한다. 구두색은 스커트 색에 맞추는 것이 좋은데, 검정색이나 짙은 색의 스커트 착용 시 검정색 구두가 적당하며, 밝은 색 스커트를 입었을 경우 비슷한 계열의 색상을 선택하면 좋다. 신장에 따라 굽 높이를 결정하되 5~7cm 높이가 가장 무난하다. 키가 커보이기 위해 9~10cm의 높은 굽을 신으면 걸을 때 부자연스러울 수 있으니 피하는 것이 좋다.

- 구두코가 둥근 것 : 키가 크고 마른 체형에 적합하다.
- 구두코가 뾰족한 것 : 키가 작고 통통한 체형에 적합하다.

④ 스타킹

스타킹은 검은색을 피하고, 가능하면 살구색을 신는다. 그러나 같은 살구색이라도 다리의 선이 굵은 경우 진한 색으로, 얇은 경우에는 연한 색을 선택하면 좋다. 진한 색은 사물을 축소해 주고 옅은 색은 확대해 주는 효과가 있기 때문이다.

면접 장소에 가는 동안 또는 면접 대기하는 동안 스타킹의 올이 나가지 않았는지 미리 확인하고 여분을 준비해 간다.

⑤ 액세서리 및 시계

반지나 목걸이는 착용하지 말고 귀걸이는 귓불에 딱 붙는 작은 귀걸이 정도만 착용한다. 시계는 승무원의 필수품인 만큼 반드시 착용한다. 검은 가죽줄이나 메탈줄로 작은 사이즈가 적당하며, 고가나 팔찌형, 스포츠형은 피한다. 손톱은 단정하게 깎으며, 매니큐어는 립스틱과 같이 붉은 계열(분홍색, 주홍색)로 하는 것이 좋으며, 1cm 미만의 경우 투명 매니큐어를 칠해도 무방하다.

사진출처: 해피플라이

2) 남성 면접복장 연출

① 정장

- 정장은 감색이 가장 무난하며, 승무원 면접에서는 검정색은 피한다.
- 2버튼 정장은 윗단추 하나만 채우고, 더블 재킷은 면접복장에 적당하지 않다.
- 바지 길이는 서있는 자세에서 바짓단이 구두창과 굽이 만나는 부분까지 내려와야 한다.
- 바지통을 좁게 줄이거나 바지 길이를 짧게 하는 등 지나치게 유행에 따르는 것은 좋지 않다.
- 상의주머니 바지주머니에 가급적 소지품을 넣지 않는다.

② 드레스 셔츠

- 흰색 또는 옅은 색깔을 입는다.
- 목둘레는 0.5cm 정도로 여유 있게 입고, 목 단추는 모두 채워 착용한다.
- 선 자세에서 셔츠의 소매는 슈트 상의 소매 밖으로 1~1.5cm 정도 나오도록 입는다.
- 체크나 줄무늬보다 민무늬가 단정해 보인다.

③ 넥타이

- 길이는 벨트의 버클을 약간 덮을 정도가 좋으며 안쪽 넥타이가 바깥쪽 넥타이보다 길지 않도록 한다.
- 화려하거나 튀는 색상과 패턴을 피하고 무늬 없는 솔리드나 작은 도트, 스트라이프 정도가 적당하다.
- 넥타이 매듭이 중앙에 와야 하며 느슨하게 매지 않도록 한다.

④ 벨트 & 시계

- 색상은 양복이나 구두색상과 동색 또는 어울리는 색으로 한다.
- 지나치게 요란한 버클 장식은 피한다.
- 정장에는 반드시 벨트를 착용한다.
- 시계는 반드시 착용하되, 너무 크거나 화려한 것, 지나친 고가는 피한다.

⑤ 구두

- 일반적으로 심플한 디자인의 검정색을 신는 것이 무난하고, 양복 색상과 조화를 이루어 신되 양복색상보다 짙은 색을 신는다.
- 뒷굽이 많이 닳은 구두는 신지 않는다.
- 캐주얼화나 지나치게 유행을 탄 구두는 피한다.
- 지저분하지 않도록 면접 전에 반드시 깨끗이 닦아놓는다.

⑥ 양말

- 바지나 구두 중 색이 진한 쪽으로 선택한다.
- 목이 지나치게 짧은 양말은 피한다.
- 흰색 양말은 신지 않는다.

3) 면접복장 체크리스트

객실승무원 면접에서 깔끔한 복장을 연출하기 위해서는 면접 시작 전, 마지막까지 자신의 모습을 살피는 세심함이 필요하다. 머리부터 발끝까지 완벽한 모습이 될 수 있도록 다시 한번 살펴보도록 하자.

- 면접 전 깨끗하게 세탁하였더라도 얼룩이 묻은 곳은 없는지 다시 한번 점검한다.
- 구김 없이 다림질이 잘 되었나 확인한다. 특히, 지나치게 타이트한 스커트를 입어 치마에 주름이 잡히지 않도록 주의한다.

- 단추가 떨어지려 하거나 떨어진 곳이 없는지 확인한다.
- 블라우스가 타이트하여 단추 사이가 벌어지지 않도록 주의한다.
- 실오라기가 나온 부분이 없는지 확인한다.
- 치마 단이 풀어진 부분이 없는지 확인한다.
- 면접 구두는 깨끗하게 닦여 있는지 점검한다.
- 양쪽 구두 굽의 상태가 벗겨지지 않고 양호한지 확인한다.
- 여분의 스타킹을 반드시 준비한다.

면접
스피치

현대인에게 스피치능력은 사회 안에서 자기 자신을 온전히 드러내 평가받기 위한 중요한 수단이 되고 있다. 스피치가 곧 경쟁력이다. 뛰어난 전문지식을 가지고 있는 사람이라고 해도 그것을 제대로 표현할 수 없다면, 다른 사람들이 그 능력을 제대로 평가해 줄 수는 없다. 의사소통능력이 중요해진 현대 사회에서는 해당 분야의 전문지식만큼 이를 적절하게 표현할 수 있는 스피치능력도 중요한 것이다. 또한 면접은 스피치를 통해 자신의 생각, 경험, 포부 등을 표현하는 과정이기 때문에 구직자에게 면접 스피치능력을 향상하는 것은 무엇보다 중요하다. 이러한 대담능력은 특정인들만이 가지는 타고난 능력이 아니며, 체계적인 학습을 통해 발전할 수 있다.

스피치는 크게 언어적 요소, 음성적 요소, 비언어적 요소의 세 가지로 구분된다. 언어적 요소는 스피치의 의미작용을 가리키며, 음성적 요소는 언어적 요소에 직접적으로 매개되어 의미를 작용하는 발음, 조음, 고저, 어조, 속도, 크기 등 목소리에 관한 것을 말한다. 그리고 비언어적 요소는 언어적 요소와는 독립적으로 의미작용을 할 수 있는 자세, 손동작, 몸동작, 얼굴표정, 눈맞춤, 옷차림 등을 가리킨다.

1 스피치의 기본원칙

1) 천천히 말한다.

말이 너무 빠르면 아무리 좋은 내용이라도 청중은 무슨 말인지 이해할 수 없다. 보통 불안감이 증가하면 말의 속도가 더 빨라진다. 빠른 속도로 말하게 되면 내용의 정확한 전달은 말할 것도 없고 청중에게 좋은 인상을 줄 수 없게 된다.

보통 청중이 듣기 알맞은 속도는 1분간에 200자 원고지 1.3~1.5장 정도가 좋다.

2) 크게 말한다.

대중 앞에 서면 대부분 평소의 자기 목소리보다 작아지는 경우가 많다. 그러므로 평소에 큰소리로 말하는 연습이 필요하다. 큰소리 연습은 감정표현을 키울 수 있으며, 나아가 작은 소리도 똑똑하게 표현하는 지름길이다. 청중들이 편안한 자세로 들을 수 있도록 음성의 크기를 조절할 수 있어야 한다.

3) 또박또박 말한다.

전달하고자 하는 내용을 분명하면서도 효과적으로 강하게 전달하려면 또박또박 말해야 한다. 단어나 문장은 물론이고 낱말 한 문장과 단어, 조사나 내용을 잘 살펴 연결해서 말할 곳과 떼어서 말해야 할 곳을 잘 구분하는 것이 중요하다.

4) 자연스럽게 대화하듯이 말한다.

스피치 전문가 '김미경'씨는 "좋은 스피커는 앉아서 말할 때와 일어서서 말할 때가 일치하는 사람"이라고 말한다. 자연스러운 태도와 음성표현은 청중에게 친근감을 주어 일체감을 조성하며 스피커의 진실성을 엿보게 할 수 있다. 따라서 자연스럽게 대화하듯이 말하는 것은 모든 말하기에서 큰 효과를 얻을 수 있는 방법 중 하나이다.

5) 실수를 두려워하지 않는다.

사람들은 누구나 낯설고 익숙하지 않은 상황에서 말이 잘 안 되는 경향이 있다. 그래서 마음속으로 혹시나 망신을 당하지 않을까, 혹은 나쁜 인상을 주는 것은 아닐까 하는 걱정으로 긴장하게 된다. 영국의 스피치 명수로도 잘 알려진 버나드 쇼는 말을 잘하는 비결에 대해 "말하기란 스케이트를 타는 것과 같다."고 말한다. 즉, 넘어져서 다른 사람들의 웃음거리가 되더라도 겁내지 말고 끊임없이 훈련하고 도전하는 것만이 명 스피커를 만든다는 것이다. 실수를 두려워하지 않고 도전하는 길만이 연단 공포증을 극복하는 길이다.

 부정적 스피치 이미지

말하는 사람의 증상	듣는 사람의 인상
말이 제대로 전달되지 않는다.	• 무엇을 말하려는지 모르겠다. • 신뢰할 수 없다.
목소리가 작고, 답답하다.	• 설득력, 신뢰성이 떨어진다. • 소극적인 이미지
목소리가 어둡고, 단조롭다.	• 자신감이 없어 보인다. • 성의가 와닿지 않는다.
말끝이 늘어지고 희미하다.	• 책임감이 없어 보인다. • 유치한 인상을 준다. • 전문성과 전달력이 떨어진다.
입이 늘 벌어져 있다. (호흡이 얕다.)	• 지적으로 보이지 않는다. • 아무 생각이 없어 보인다.

● **긴장감에 대처하는 방법**

- 어깨에 힘을 빼고 숨을 깊게 들이마신 후 "후~"하고 마지막 숨까지 천천히 내쉬어본다. 배를 이용한 복식호흡법은 마음을 안정시키며 정신적 긴장을 풀어준다.
- '나는 이 일에 가장 적임자이다.'라는 식으로 스스로에게 자신감을 줄 수 있는 자기암시법을 이용한다.

6) 줄거리를 구성하라.

주제와 화제가 정해졌다면 그다음 단계는 말을 구성해야 한다. 훌륭한 이야기란 구성이 산뜻해서 듣는 사람에게 강하게 어필되는 것을 말한다. 서론-본론-결론 혹은 머리말-주제-맺는말 식으로 삼단계법을 이용하면 좋다.

서론에서는 인사나 화제에 대한 예고와 암시를 하여 본론으로의 도입부로 삼고, 본론에서는 주제를 말하며, 결론에서는 자기의 생각을 정리해서 연결한다.

7) 키워드를 중심으로 머릿속에 그려라.

스피치를 잘하는 사람들은 절대 외우지 않는다. 원고와 완벽하게 틀리지 않고 스피치를 하는 사람은 없다. 키워드를 중심으로 머릿속에 스토리를 그리는 것이 암기보다 훨씬 효과적이다. 말문이 막힐 때 중요한 키워드를 기억하여 이야기를 붙여가라.

8) 모방, 연습이 필요하다.

자신감 있는 목소리, 듣기 쉬운 발음, 적절한 속도, 말하는 자세와 태도 등은 모두 훈련하기에 따라서 달라질 수 있다. 안정감 있게 스피치를 시작하고 싶다면, 스피커로서 닮고 싶은 롤모델을 정하는 것도 좋은 방법이다. 성공적인 스피커의 명언, 태도, 말투, 가치관 등을 분석하여 모방하고 반복 연습하여 내것으로 만드는 것이다.

9) 진심이 느껴져야 한다.

이야기는 말로만 하는 것이 아니다. 표정이나 몸짓, 태도는 말이 전하고자 하는 것을 강력하게 뒷받침해 준다. 말을 다소 더듬거리더라도 목소리와 태도에 진심이 묻어난다면 듣는 사람은 말하는 사람이 말로 하려는 이상의 것을 느끼게 된다.

- **청중의 마음을 움직이는 방법**

  - 약간 낮은 목소리로 시작한다. 즉, 낮은 목소리로 소곤소곤 이야기를 하면 상대방은 자기도 모르게 귀를 기울인다. 따라서 처음 시작할 때에는 높은 소리보다는 낮은 소리로 시작하는 것이 집중도를 높이는 방법이다.
  - 입은 의식적으로 크게 벌린다. 입을 크게 벌리고 시원시원하고 분명하게 말하면 설득력을 배가시킬 수 있다.
  - 목소리의 크기는 뒷사람을 기준으로 한다.

- 속도는 가급적 천천히 말한다. 천천히 그리고 정중하게 얘기하면 듣는 사람에게 열심히 얘기하고 있는 느낌이 전달되어 호감도를 더 얻을 수 있다.
- 대화하는 어조로 한다.
- 마이크는 입에서 15~20cm 떨어뜨려 사용한다.

2 면접 스피치를 위한 목소리 훈련

목소리는 폐에서 공기가 나오면서 성대가 진동해서 생긴다. 목소리의 특징은 기본 주파수를 비롯해 이를 중심으로 다양한 주파수가 섞이는 정도(하모닉스)와 울림(공명)에 의해 결정된다. 남자 목소리의 기본 주파수는 100~150Hz, 여성은 200~250Hz인데 100Hz는 1초에 성대가 100번 진동한다는 뜻이다. 소리가 높아질수록 주파수가 높다고 한다.

말하는 사람의 목소리가 매력적이라면 같은 내용을 전달하더라도 더욱 설득력을 높일 수 있다. 매력 있는 목소리를 만들려면 '자신감 있는 목소리'와 '발음이 정확한 목소리', '변화가 있는 목소리'를 만들 수 있도록 노력해야 한다.

1) 목소리를 위한 기초훈련 호흡법

바른 목소리를 얻기 위해서는 올바르게 호흡할 수 있어야 하는 데, 복식호흡을 통해 많은 양의 공기를 확보하는 것을 말한다. 호흡량은 횡격막이 얼마만큼 팽창하느냐에 따라 결정되며, 특히 호흡을 들이마시는 것보다 내쉴 때 공기의 양을 잘 조절해야 한다. 그 과정을 통해 명확하고 일정한 톤의 소리를 낼 수 있게 되는 것이다. 일반적으로 흉식 호흡(비횡격막 호흡)으로 습관화된 호흡을 복식호흡(횡격막 호흡)으로 전환해야 긴장이 완화되고 집중력이 향상될 수 있다. 목소리와 호흡을 연결하기 위해서는 기본적으로 두 가지 이미지를 가지고 있어야 한다. 첫째, 호흡이 복부까지 내려가는 것과 둘째, 소리가 복부에서 나오는 것이다. 목소리가 배의 안쪽 깊은 곳에서 나온다는 이미지를 갖고 호흡을 깊게 하면 목소리와 호흡을 쉽게 연결할 수 있을 것이다.

호흡 훈련이 잘되어 있으면 정확한 발음과 함께 호흡을 말소리에 실어 원하는 스피치를 구사할 수 있다. 또한 감정을 자유롭게 표현하는 데에도 호흡이 가장 중요하므로 꾸준한 복식호흡 훈련이 필요하다.

다음은 복식호흡의 훈련방법이다.
① 스트레칭을 통해 온몸의 긴장을 풀고 이완한다.
② 눕거나 벽에 기대고 선 뒤, 한 손은 가슴에 한 손은 배에 놓고 호흡을 정리한다. 여기서 호흡을 정리한다는 것은 배에 남아있는 숨을 전부 내보내는 것을 의미한다.
③ 눈을 감고 편안한 자세를 유지하며 배로만 숨이 들어가고 나오는 것을 자연스럽게 느껴본다.
④ 다시 호흡을 정리한 뒤 6박자에 맞춰 코로 꽃향기를 맡을 때처럼 천천히 숨을 들이마시면서 횡경막을 팽창시킨다.
⑤ "스" 소리를 내며 일정하게 호흡을 내쉬는데 중간에 호흡을 멈추지 않고 약 15초 동안 소리를 내뱉는다. 연습을 통해 내뱉는 호흡을 20초로 늘리고 지속적인 훈련으로 30초 동안 멈추지 않고 소리를 낼 수 있을 때까지 연습한다.
⑥ 호흡이 들어가고 나가는 것을 편안하게 느끼며 내 몸이 풍선이라고 생각하며 풍선에 바람을 넣었다 뺐다를 반복하는 데 5번과 같은 방법으로 "브~", "즈~" 소리를 내며 반복 연습한다.

● 복식호흡의 장점

- 목구멍을 이용해 소리를 내는 흉식호흡과 달리 목구멍에 부담을 주지 않으므로 오랫동안 말해도 목소리가 마르지 않는다.
- 흉식호흡보다 들이마시는 공기의 양이 많기 때문에 성량이 풍부해지고, 말하는 높낮이를 조절할 수 있다.
- 오랫동안 천천히 호흡함으로써 정서가 안정되고 긴장이 풀어진다.

2) 발음

대중을 상대로 말할 때는 대화할 때보다 발음에 더욱 신경을 써야 한다. 청중과 상당한 거리를 둔 채 비교적 넓은 공간에서 말하기 때문에 그만큼 소리가 제대로 전달되지 않을 수 있기 때문이다. 자신의 발음이 정확한지 아닌지를 제대로 알아보기 위한 좋은 방법은 자신이 말하는 것을 녹음해 직접 들어보는 것이다. 다음의 표를 이용해 잘 안 되는 발음을 체크한 후 그 발음을 위주로 꾸준히 연습해 본다. 특히 발음할 때 혀의 위치와 입술 모양을 관찰해 이를 비교하면서 교정해 나간다. 또한, 발음을 정확하게 하는 것은 의사전달을 분명하게 하기 위한 것인 만큼 말을 할 때 입속에서 웅얼거리거나 말끝을 흐리지 않는지, 또는 어미를 늘리거나 지나치게 올려서 말하지는 않는지도 함께 신경 써서 들어본다. 특정한 소리를 제대로 발음하지 않거나 지나치게 강조해 발음할 경우 청중이 내용을 이해하고 스피치에 집중하는 것을 방해할 수 있다.

다음은 발음의 훈련방법이다.

① 몸의 긴장을 없애기 위하여 긴장된 것과 이완된 것의 차이를 느낀다. 먼저 양 손을 각지 껴서 머리 위로 쭉 올려준다. 위에서 무언가가 잡아당기는 기분으로 끝까지 뻗었다가 양팔을 툭 떨어뜨린다. 이러한 동작을 몇 회 반복하다 보면 팔을 떨어뜨렸을 때가 이완된 상태라는 것을 느낄 수 있다.

② 하품하듯 입을 크게 벌려 목젖과 목구멍에 힘을 주었다 풀기를 반복하며 조음기관들의 긴장을 풀어준다.

③ 거울을 보고 입을 크게 벌려 입천장과 목구멍 혀의 위치 등을 관찰하며 입 주변과 혀 근육을 풀어주어 구강을 자유자재로 움직일 수 있도록 한다.

④ 볼을 부풀린 상태에서 입술을 이용해 원을 그리고 혀로 입안을 훑어준다.

⑤ 복식호흡으로 숨을 들이마시고 "부르르르르~" 하고 입술에 힘을 빼고 털어준다.

⑥ 목표를 설정하고 그 지점까지 촛불을 부는 것과 같이 호흡하며 그 호흡에 소리를 얹어 한 단어씩 발음 연습을 한다.

⑦ 신문 기사나 기내방송문 등을 한 글자마다 호흡을 실어 또박 또박 발음하는
연습을 한다.

 발음표

갸	괴	겨	귀	교	궤	규	과	괘	귀	걔
냐	뇌	녀	뉘	뇨	눼	뉴	놔	놰	뉘	내
댜	되	뎌	뒤	됴	뒈	듀	돠	돼	뒤	대
랴	뢰	려	뤼	료	뤠	류	롸	뢔	뤄	래
먀	뫼	며	뮈	묘	뭬	뮤	뫄	뫠	뭐	매
뱌	뵈	벼	뷔	뵤	붸	뷰	봐	봬	뷔	배
샤	쇠	서	쉬	쇼	쉐	슈	솨	쇄	쉬	새
야	외	어	위	요	웨	유	와	왜	위	애
쟈	죄	저	쥐	죠	줴	쥬	좌	좨	줘	재
챠	최	쳐	취	쵸	췌	츄	촤	쵀	취	채
캬	쾨	켜	퀴	쿄	퀘	큐	콰	쾌	퀴	캐
탸	퇴	터	튀	툐	퉤	튜	톼	퇘	퉈	태
퍄	푀	퍼	퓌	표	풰	퓨	퐈	퐤	풔	패
햐	회	혀	휘	효	훼	휴	화	홰	휘	해

3) 음조

성대를 조이면 목소리의 높이가 올라간다. 기쁨이나 두려움, 분노 등의 긴장된
감정은 목소리를 높아지게 하고 우울하거나 피곤할 때, 침착할 때는 성대는 이완
되고 음조는 낮아진다. 예를 들어, 똑같이 "좋은 아침!"이라는 인사를 하더라도 높
은 음조로 이 말을 하면 활기찬 감정이 전달되지만 낮은 음조로 말하면 피곤한 느
낌을 상대에게 전달하게 된다. 이처럼 목소리의 음조는 상대방에게 같은 말이 가
진 여러 가지 가능한 해석들 가운데 상대가 어떤 것을 전달하는지를 가늠하게 하
는 단서가 될 수 있다.

다음은 발음의 훈련방법이다.

① 복부 발성을 위해 호흡을 들이마시고 "부르르르르" 입술을 이완해준다.

② 호흡을 깊게 들이마시고 다음의 발음을 천천히 한다.

- 먼저 "f~" 발음으로 호흡을 내보낸다.
- 그 다음 호흡을 들이마신 뒤 f 호흡의 끝부분에 v 소리를 실어본다.
  "f~~ v~" 이때 뱃고동 소리 같은 공명을 낸다.
- 다시 한번 호흡을 들이마신 후 v에서 "아"로 바꾸고 하하하 웃는다.
  "f~~ v~~ 아~ 하하하하하"로 마무리한다

③ "아~" 소리로 도음 3초, 레음 3초, 미음 3초, 파음 3초, 솔음 3초의 순으로 일정하게 소리를 내보낸다. 이때 횡격막의 팽창을 유지한 상태에서 복부 발성을 한다.

④ 일정거리만큼 목표를 설정하고 목은 통로라 생각하며 배에서부터 목표까지 "아" 소리를 호흡이 끝날 때까지 보낸다.

⑤ "아" 소리를 내며 낮은 도에서 시작해 음을 올릴 수 있을 때까지 최대로 올려본다.

⑥ "아" 소리를 내며 높은 도에서 시작해 음을 내릴 수 있을 때까지 최대로 내려본다.

⑦ 거리를 정하여 "아" 소리를 그 지점까지 보내는 연습을 한다.
  예) 10m, 50m, 100m, 1,000m, 하늘을 향해 무한대를 향해 소리를 보낸다.

4) 강세

강조란 말의 세기와 관련된 것으로 문장에서 강조하고자 하는 중요한 음절이나 단어 또는 어구를 다른 것들보다 더 힘주어 말하는 것을 말한다. 같은 표현이라도 강세가 어느 부분에 놓이느냐에 따라 다르게 해석될 수 있다. 세게 말할 때 음량이나, 억양, 길이에도 함께 변화를 줄 수 있다. 이때 해당 음절이나 단어 앞에 쉼을 두어 강조의 효과를 극대화할 수 있다. 예를 들어, "그 장면에⁽쉼⁾ 저~엉말 감동했습니다.", "지금 당신에게 필요한 것은 바로⁽쉼⁾ 도전입니다."와 같이 강조하고자 하는 단어 앞에서 잠시 쉼을 두어 말하면 그 단어가 훨씬 강조된다.

다음의 문장에서 각 음절마다 강세를 달리해 발음하며 그 의미를 파악하여 연습해 본다.

① 엄마가 / 집에서 / 요리를 / 만드신다고?

② 아까 / 철수가 / 밥을 / 먹었니?

③ 지수가 / 오늘 / 책을 / 빌려갔니?

5) 속도

대개 사람들은 일 분에 120개에서 180개의 단어를 말하는 정도의 속도로 말한다. 말의 속도는 감정과 태도를 반영하는 데 빨리 말하는 것은 흥분을 전달하며 표현이 풍부하고 설득적이나 너무 빨리 말하는 것은 듣는 사람에게 긴장을 유발할 수 있다. 이러한 말의 속도는 전달하려는 메시지가 쉬운지 어려운지, 말을 듣고 있는 청자의 이해 수준이 어떠한지, 화자의 기분이 어떠한지에 따라 달라질 수 있다.

다음은 속도의 훈련방법이다.

① 복식호흡을 이용해 문장을 어절마다 끊어 읽는 연습을 한다.

② 한 페이지 정도의 문장을 여러 번 스피치해 보는데 우선 속도를 빠르게 녹음한 후 시간을 측정한다.

③ ②번과 같은 문장을 최대한 여유 있게 스피치해서 녹음한 후 시간을 측정한다.

④ 스피치의 내용과 주제 그리고 청중의 대상, 연령, 직업 등을 고려해 속도를 달리하는 연습을 한다.

6) 음량

크기는 목소리가 얼마나 멀리 울려 퍼지는가를 말한다. 목소리 크기는 청중의 숫자와 공간, 마이크의 사용 여부와 같은 외부 상황에 따라 융통성 있게 조절해야 한다. 대개 큰 목소리는 열정적이고 확신에 찬 이미지를 나타내지만 공격성이나 과장된 자아 등을 드러내 주기도 하며 작은 목소리는 무기력과 나약함, 열등감 등의 이미지를 나타낸다. 어떤 경우에 크게 말하고 작게 말할 것인가, 또 어느 정도로 크거나 작게 말할 것인가 하는 판단의 문제는 스피치를 하는 상황과 대상, 스피치의 내용을 고려하여야 한다.

다음은 목소리 크기를 훈련하는 방법이다.

① 신체를 이완한 후 복식호흡으로 호흡훈련을 한다. 깊은 들숨을 마신 후 날숨에 소리를 내보내는데 허밍부터 시작하여 성대 강화훈련을 한다.

② 촛불을 부는 호흡에 소리를 실어 훈련하고 가까이에서 멀리까지 목표지점을 다르게 설정해 소리를 보낸다.

③ 소리 크기의 훈련은 발성 발음 연습과 함께한다.

④ 스피치 원고를 선정한 뒤 공간을 고려하여 목소리 크기에 변화를 주며 연습한다.

7) 쉼(pause)

쉼은 효과적인 의미전달을 위해 문장이나 단어 앞에서 잠시 시간적 쉼을 두는 것을 말한다. 글에서 띄어쓰기와 구두점이 독자에게 글의 내용을 더욱 잘 파악할 수 있게 돕듯이, 말에서 쉼은 청중에게 말의 내용을 더욱 잘 이해할 수 있게 돕는 역할을 한다. 서론에서 본론으로 넘어가기 전에, 본론에서 하나의 논점에 대한 논의가 끝나고 다른 논점으로 넘어가기 전에, 본론에서 결론으로 넘어가기 전에 쉼을 두어서 내용이나 단락이 바뀐다는 신호를 보낼 수 있다. 또한, 클라이맥스에서 긴장을 불러일으키기 위해서, 또는 중요한 내용을 강조할 목적으로도 그 앞에서 쉼을 둘 수 있다.

다음 문장들을 휴지하는 부분을 달리하며 말해 보고, 각각의 다른 의미를 파악하여 연습해 본다.

① 1. 나는 정아와 / 현주를 밀었다.

2. 나는 / 정아와 현주를 밀었다.

② 1. 버스가 중앙선을 침범해 / 마주 오던 트럭과 충돌해 6명이 다쳤다.

   2. 버스가 / 중앙선을 침범해 마주 오던 트럭과 충돌해 6명이 다쳤다.

③ 면접 스피치 구조 만들기

스피치는 말을 하는 사람이 자신의 의견이나 주장을 청자나 청중에게 가장 정확하게, 그리고 가장 효과적으로 전달하는 데 그 목적이 있다.

말을 잘하는 사람과 말로서 상대방을 잘 설득하는 사람은 분명 다르다. 말만 번지르르하게 잘할 뿐 내용은 전혀 논리적이지 않고 앞뒤 두서도 없이 주저리주저리 말하는 사람이 있는가 하면 논리적으로 구성된 글을 조리 있게 말로 잘 풀어내 생동감 있게 자기 생각을 이야기하는 사람도 있다. 대부분 청중은 후자의 스피치에 더 호감을 느끼고 설득을 당할 것이다.

아는 만큼 들리고 보이듯이 스피치를 잘하기 위해서는 풍부한 사고력과 이해력이 필요하다. 어떤 현상이나 사실을 바르게 이해하고 이를 논리적으로 그리고 비판적으로 말할 수 있어야 한다. 또한, 일상에서 경험하고 접하는 모든 것들이 언제나 스피치의 주제가 될 수 있음을 잊지 말고 시사에도 관심을 가지며 세상이 돌아가는 흐름이나 사회적인 이슈도 두루 알아둘 필요가 있다.

스피치는 글과 다르게 영구적이지 않고 말하는 즉시 사라진다는 특징이 있다. 따라서 청중이 화자의 스피치를 잘 이해하고 공감하기 위해서는 논리적인 스피치의 구조가 꼭 필요하다. 내용의 구조가 얼마나 잘 짜여 있느냐에 따라서 전달의 목적과 결과도 달라진다.

1) OSC 법칙

OSC는 Opening, Story, Closing의 약자로 스피치의 효과를 극대화하기 위한 논리적 구조 중 하나이다.

① Opening

청중을 집중하게 하고 시선을 끄는 것이 오프닝의 역할이다. 수사학 이론에서는 화자의 신뢰도가 높은 사람일수록 스피치의 설득력도 강하다고 본다. 따라서 오프닝에서는 화자의 공신력을 위해 간단한 자기소개를 넣는 것도 좋은 방법이 될 수 있으며 창조적인 시작으로 신선한 이미지를 만드는 것도 중요하다.

② Story

본격적인 스토리텔링을 시작한다. 본론 부분 역시 두세 분야로 세분화시켜 전하고자 하는 이야기를 전개하는 것이 효과적이다. 자칫 진부해지거나 주제에서 벗어나지 않기 위해서 전하고자 하는 정보나 내용을 간략하게 정리해서 첫째, 둘째, 셋째 등의 나열식으로 전개하는 것도 좋다.

③ Closing

스피치에서 가장 어려운 부분을 결론이라고 말한다. 길게 연설했던 자신의 메시지를 요약해서 강조하는 부분이 바로 클로징이다. 따라서 결론에서는 새로운 정보를 말하지 않는다. 주제를 다시 한번 상기시키며 바람이나 다짐, 포부로 스피치를 마무리하면 좋다. 또한, Story 부분에서 논리적인 전개에 주안점을 두었다면 결론 부분은 감동과 여운을 남길 수 있는 멋진 멘트를 한마디 정도 넣는다면 스피치의 효과를 더 극대화할 수 있다. 유명인의 어록이나 명언, 고사성어를 활용해도 좋다.

1-1) OSC 구조 세분화하기

Opening → Preview → Story Telling → Summary → Closing

① Opening

청중의 이목을 끄는 참신한 문장들로 시작한다. 주제를 처음부터 던지기보다는 재미있는 요소를 넣어 집중시키는 것이 필요하다. 상상력을 최대한 발휘해 보자.

② Preview

주제를 언급하고 간단하게 스피치의 목적을 소개해 준다.

③ Story Telling

다양한 스토리텔링 기법을 활용해 에피소드 형식으로 이야기를 풀어낸다. 본론의 중심이 되는 부분으로 스피치의 콘텐츠가 가장 중요한 영역이다.

④ Summary

청중이 스피치를 기억할 수 있도록 본론의 내용을 간단하게 요점만 집어준다.

⑤ Closing

스피치의 목적이 제대로 전달될 수 있도록 호소력 있는 멘트로 감동을 끌어낸다. 분량은 길지 않게 하며, 감정을 실어 감동과 여운이 느껴지게 결론을 맺자.

2) PREP 법칙

PREP 법칙은 영국의 전 총리가 즐겨 사용해 '처칠식 말하기 기법'이라고 불린다. 세계적인 컨설팅 회사 맥킨지에서 만든 스피치 기법으로 Point, Reason, Example, Point의 단어 앞글자를 따서 만들었다. 이 방법은 서론, 본론, 결론의 큰 구성 안에 4단계 스피치 구조를 만들 때 유용하다.

① Point

결론에 해당하는 메시지를 서두에 던져줌으로써 청중이 주제에 대하여 처음으로 생각을 하고 이야기의 흐름을 예측할 수 있게 만든다. 장황하지 않게 딱 한두 문장으로 스피치의 핵심을 간략하게 소개하면 된다.

② Reason

앞서 말한 주장에 대한 이유를 밝힌다. 주제와 관련된 주관적인 근거를 제시하면서 스피치에서 이야기하고자 하는 내용을 말한다.

③ Example

근거를 뒷받침해 줄 수 있는 예시를 제시하는 것이다. 객관적인 데이터나 전문가의 의견이 있다면 더욱 신빙성을 얻게 된다. 구체적인 경험과 사례를 드는 것도 좋은 방법이다.

④ Point

앞서 말한 스피치의 주제를 다시 한번 언급해 강조해준다. 물론 똑같은 문장을 그대로 이야기하기보다는 다른 표현으로 바꾸어서 전달해야 더 효과적이고 신뢰감 있는 스피치를 만들 수 있다.

3) SES 법칙(SIMPLE, EASY, SHORT) 기억하기!

스피치는 쉬운 단어와 간결한 문장으로 최대한 'SIMPLE'하게 구성하는 것이 좋다. 또한, 복잡한 구성과 어려운 이론보다는 누구나 이해할 수 있도록 'EASY'한 내용으로 준비하는 것이 효과적이며 최대한 요점만 간단하게 집중이 흐트러지지 않는 시간 안에 'SHORT'하게 진행해야 전달력이 좋아진다. 스피치를 더욱 설득력 있게 만들기 위해 'SES 법칙'을 기억하면서 말을 구조화시켜 전달하는 연습을 해보자.

OSC 법칙을 이용한 1분 스피치 실습

주제 :	
Opening	
Story	
Closing	

PREP 법칙을 이용한 3분 스피치 실습

주제 :	
Point	
Reason	
Example	
Point	

05
Chapter
면접 스피치

스피치 CHK 사항

항목		세부내용
목소리	발성, 발음	
	속도	
	쉼	
	크기, 강세	
스피치	논리성	
	적시성	
	표현력	
비언어적 요소	자세	
	표정, 제스처	
	Eye contact	
전체 피드백		

4 면접 스피치를 위한 비언어적 요소

인간의 오감 중 가장 많은 정보를 수용하는 곳이 바로 시각이다. 비언어적 요소는 시각과 관련된 스피치의 요소이다. 메시지의 내용도 중요하지만 비언어적 요소를 통해 청자는 많은 정보를 시각적으로 수용하게 된다. 앨버트 메러비언 교수에 따르면, 메시지를 전달하는 데 있어 말이 7%, 목소리를 포함한 음성적 요소가 38%, 비언어적 요소가 55%의 비중을 갖는다. 이 연구 결과는 똑같은 내용을 말한다고 해도 어떠한 음성과 어떠한 몸짓으로 말하느냐에 따라 이해력, 설득력, 호소력에서 차이가 나는 것을 보면 이해할 수 있다. 이러한 비언어적 요소에는 몸의 움직임과 자세, 옷차림, 제스처, 신체적 외양과 매력, 시선, 얼굴표정, 눈짓 등이 포함된다.

1) 눈빛

신체언어 중 특히 눈맞춤은 지각과 대인관계 형성에 큰 영향을 미치고 호감도, 신뢰도, 만족도에 긍정적인 영향을 미친다. 우리는 사람들 사이의 눈의 마주침을 보고 그들의 관계를 예측할 수 있다. 스피치를 할 때 시선을 마주치는 것은 교감을 형성해 주기 때문에 스피치의 효과를 높이는 장점이 있다. 그러므로 자연스럽고 따뜻한 시선으로 응시하는 것이 필요하다. 하지만 적절한 정도를 지나 너무나 강하게 뚫어져라 응시하는 것은 청자에게 부담을 줄 수 있으므로 주의해야 한다. 이렇듯 우리는 눈을 통해서도 여러 가지 의미를 전달할 수 있으므로 스피치에 있어서 눈빛은 매우 중요한 비언어적 요소라 하겠다.

2) 얼굴표정

얼굴표정을 통해서 화자는 상황에 따른 다양한 메시지를 전달할 수 있다. 예를 들어 웃는 표정은 상황에 따라 비웃음의 의미를 전달할 수도 있고 기쁨이나 친근함을 의미할 수도 있다. 또한, 얼굴표정은 말하는 사람의 감정이나 태도를 반영한다. 화자가 불안하고 긴장해 있다면 그의 얼굴표정은 경직되고 붉어져 있을 것이다. 스피치의 전달력을 높이기 위해서는 상황과 내용에 맞게 변화하는 얼굴표정이 필요하다. 예를 들어, 진지한 내용을 전달할 때는 진지한 표정을 지어야 하고, 즐겁고 재미있는 내용을 전달할 때는 즐거운 표정을 지어야 한다.

3) 제스처

제스처는 스피치를 할 때 목소리의 변화에 맞게 적절하게 이루어져야 하며 우리 몸의 전체 부위의 움직임을 통해 가능하다. 제스처의 기능은 메시지를 명확하게 해주고, 특정 단어나 구를 강조하고, 청자의 시선을 모으는 것이다. 무엇보다 제스처는 자연스러운 것이 중요하고 그러기 위해서는 기본자세를 취할 때 안정되고 여유로운 상태로 손을 자유롭게 해야 한다. 스피치를 할 때 화자는 어떻게든 몸을 움직이게 되어 있다. 때로는 청중의 주의집중을 위해 의도적으로 몸을 움직일 필요도 있다. 작고 부단한 움직임은 청자의 눈을 현혹하며, 불안한 움직임이나 위축된 움직임은 화자가 자신 없다는 것을 반영한다. 그러므로 바람직한 몸 움직임은 편안하면서도 절도가 있는 것이어야 한다.

비언어적 표현을 연구해온 UC 리버사이드 대학교 하워드 프리드먼 교수는 카리스마 있는 사람은 외향적인 제스처를 사용하고, 반대로 카리스마가 부족한 사람은 몸의 안쪽으로 제스처를 취하거나 자신의 몸을 만지는 경향이 있다고 말한다. 빌 클린턴 전 대통령 역시 케네디 대통령처럼 외향적인 제스처를 주로 사용했다. 엄지손가락을 들어 올리거나 팔을 바깥으로 뻗으면서 역동적인 자세를 취하는 데, 전문가들은 이를 두고 외향적인 손동작을 사용하면서부터 지지율이 올랐다고 분석했다. 세계적인 명연설가인 오바마 대통령 역시 손동작과 손바닥이 늘 바깥쪽으로 향해 있음을 기억하자.

● 제스처의 의미

① **손바닥을 보여주는 손동작** : 손바닥을 보이는 것은 마음을 연다는 무언의 메시지를 전달해 청중은 신뢰감과 호의적인 이미지를 갖게 된다.

② **손가락을 사용하는 손동작** : 핵심내용이나 강조하고 싶은 부분에서 손가락을

사용하면 메시지를 효과적으로 전달할 수 있는 포인터가 될 수 있다. 단, 너무 많이 사용하거나 손가락으로 청중을 지목하는 것은 조심스럽게 다가가야 할 것이다.

③ **손을 가슴에 두는 제스처** : 손을 가슴에 두고 말하는 것은 진심을 담는다는 메시지로 인식된다. 자신의 진솔한 이야기나 부드러운 카리스마를 발휘하고 싶을 때 활용하면 감동을 전달할 수 있을 것이다.

④ **반복적인 제스처** : 설득에서 반복적인 제스처는 아주 효과적이다. 전달하고 싶은 메시지가 있다면 반복적인 제스처를 활용해보자.

⑤ **긍정적인 제스처** : 좋은 이미지로 기억되고 싶다면 긍정적인 제스처를 많이 사용하는 것이 좋다. 엄지손가락을 번쩍 드는 동작이 한 예이다. 사진이나 TV미디어 등에서 자신이 노출될 때도 상징과 같은 효과를 줄 수 있다.

4) 자세

사람의 자세는 그 사람이 어떤 상태인지 또 어떠한 유형의 사람인지를 어느 정도 파악할 수 있게 한다. 그러므로 자세 또한 상대방에게 화자에 대한 많은 메시지를 전달하게 된다. 예를 들어, 신분이 높은 사람은 보통 고자세를 유지하는 반면, 그렇지 않은 사람은 저자세를 유지하는 경향이 있다. 또한, 성격이 적극적인 사람은 늘 진취적인 자세를 취하는 데 반해서, 소극적인 사람은 항상 불안하고 유동적인 자세를 취한다. 자세는 화자의 인상을 결정하는 데 중요한 단서를 제공하므로 상황에 적절한 자세를 취하도록 노력해야 한다. 그렇지 않으면 부정적 이미지를 인식시킬 수 있다.

TAKE-OFF

LANDING

NO USE MOBILE

TAXI

BABY

INPORMATION DESK

TOILET

CONVEYOR BELT

COMMON ROOM

Chapter

06

항공 객실승무원
면접 요령

항공 객실승무원 면접 요령

면접시험은 지원자의 능력에 대한 총체적인 평가이며, 자기PR의 요소를 많이 가지고 있는 시험이다. 보통 지원자의 기초실력은 필기시험이나 서류전형 등을 통해 확인할 수 있으나, 그것만으로 지원자의 특성을 모두 알 수 없다. 때문에 직접 지원자와 면접관이 얼굴을 맞대고 질의응답을 통해 지원자의 잠재적인 능력, 사고력, 창의력, 업무추진력 등을 파악하고자 한다. 한 조사에 의하면 국내 30대 기업의 전형 절차별 비중에서 대부분의 기업이 서류전형과 면접의 비율을 3:7 정도 두고 있었다. 서비스 전문인력 확보를 위해 노력 중인 항공사들 역시 그들의 고유 이미지를 지키며, 서비스 전략을 잘 수행해 줄 수 있는 조직원들을 선발하기 위해 애쓰고 있다. 따라서 서비스 품질의 핵심적 역할을 담당하는 객실승무원을 채용하기 위해서 다른 어떠한 직종보다 면접의 비중을 높게 반영하고 있다.

면접시험도 시험의 한 방법이지만, 여기서 요구하는 것은 필기시험 같은 '정답'이 아니라 지원자의 능력과 가능성에 관한 정보이다. 면접은 '이것이 바로 정답이다.'라는 것이 없기 때문에 매우 쉬울 수도, 매우 어려울 수도 있다.

1 항공사 선발 면접시험의 유형

항공사마다 객실승무원 채용과 전형은 조금씩 차이가 있다. 이것은 각 항공사마다 원하는 인재상이 다르며, 중요시하는 평가요소들도 다르기 때문이다. 특히 국내 항공사와 국외 항공사의 면접 유형은 좀 더 명확하게 구별이 된다.

1) 집단면접

승무원 채용의 집단면접은 다수의 면접관과 더 많은 수의 피면접자가 마주하여 묻고 답변하는 형식이다. 이 방법은 지원자가 많을 경우 시간이 절약될 수 있다는 이점과 면접관이 질문을 지원자 전체에게 물어봄으로써 조리 있게 말을 할 수 있는 자와 그러지 못한 자의 능력을 쉽게 발견할 수 있다. 또한 여러 명을 동시에 비교 관찰할 수 있고, 평가에 있어 객관성을 유지할 수 있다. 대기업의 경우 1차 면접 때 주로 사용하며, 경쟁자들과 함께 받는 집단면접은 상대평가가 이뤄지므로 더욱 신경을 써야 한다. 그러나 질문을 대답하는 지원자의 순서에 따라 유리함과 불리함이 생길 수 있으며 개개인의 지원자가 가지고 있는 특별한 능력을 파악하기에는 한계가 있다는 단점이 있다.

국내항공사의 경우는 채용에 있어 집단면접을 더 선호한다. 2만명 이상의 승무원 지원자들이 서류지원을 하고, 서류심사 후 1차, 2차 면접으로 승무원을 선발하는 데, 많은 지원자를 효율적이고 신속하게 선발하기 위해 집단면접 방식으로 진행한다.

2) 그룹토의면접

다수의 지원자들을 한 팀으로 구성한 뒤 몇 개의 주제를 주어 서로 토론하는 분위기를 형성한다. 주어진 시간 안에 팀원들은 결론을 제시해야 하거나 또는 각자의 아이디어를 조리 있게 말할 수 있어야 한다. 지원자들이 토론을 벌이는 동안 면접관은 지원자들의 발언 내용이나 제스처, 경청태도, 발언태도 등을 유심히 살펴봄으로써 지원자들의 논리력, 사고력, 협동성, 판단력, 표현력, 조직적응력, 문제해결능력, 창의성, 의사소통능력, 지도력 등에 대해 종합적으로 평가한다. 그룹토의면접을 통해서는 팀 문화를 중시하는 객실승무원들의 조직융화력을 평가할 수 있다.

국외 항공사의 경우 상황에 따라 면접방식을 다양하게 활용하지만 그룹토의면접을 가장 선호한다. 이를 통해 지원자들의 어학 실력뿐만 아니라 승무원에게 필요한 자질, 그중에서도 다양한 국적의 사람들 속에서 빠른 적응력으로 그들과 최상의 팀워크를 이룰 수 있는지를 관심 있게 지켜본다. 처음 보는 지원자들과도 훌륭한 의사소통을 통해 융화력을 잘 발휘할 수 있는 인재를 뽑기 위한 방법인 것이다.

3) 위원회면접

다수의 면접자가 한 명의 피면접자를 평가하는 방법이다. 한 사람에 대해 동시에 여러 사람이 관찰하게 되므로 평가에 있어 신뢰도가 높은 반면, 다수의 면접자 앞에서 피면접자가 심리적으로 위축될 경우 신뢰도가 저하될 수 있다. 또한 이 방법은 집단면접보다 시간이 많이 소요된다. 위원회면접은 지원자의 특별한 개인 역량 등을 시간을 가지고 깊이 있게 살펴볼 수 있는 면접방법 중 하나이다.

4) 영어면접

글로벌 시대에 더 이상 기업들은 지원자들이 제출한 공인영어점수로만 지원자들의 영어실력을 판단하지 않는다. 실제로 말할 수 있는 영어를 기대하고 영어면접을 통해 지원자의 글로벌 에티켓과 매너를 엿보려고 한다. 모국어가 아닌 만큼 전하려는 말을 정확하고 이해하기 쉽게 해야 하며, 자신감 있게 말할 수 있는 능력을 평가할 수 있는 면접 형태이다.

영어면접은 국내 항공사인 경우 보통 2차 면접에서 진행되는 반면, 외국 항공사의 경우에는 1차 면접부터 모든 진행이 영어로 이루어진다. 외국 항공사는 다양한 외국인 승무원들과 함께 근무해야 하는 만큼 국내 항공사보다 영어구술능력을 중요시하고 있다.

2 항공 객실승무원 면접의 평가항목

객실승무원의 선발에 있어 국내 항공사는 기본적인 어학능력과 업무수행능력, 대면 호감도, 성품, 기지 등을 기준으로 평가한다. 업무수행능력으로는 논리력, 창의력, 표현력, 순발력, 전문성 등이 포함되며, 대면 호감도는 용모가 단정한지, 자세는 바른지, 태도는 성실한지, 예의범절이 바른지 여부가 판단기준이 된다.

	구체적 항목
외모	• 단정한 외모 • 깔끔한 인상 • 업무에 맞는 이미지 • 밝은 표정 • 반듯한 자세
성격	• 품성(인격/성격) • 성실성(장기근속 여부) • 책임감
커뮤니케이션	• 의사소통능력 • 간결한 대답 • 조리 있는 말솜씨 • 말투 • 의사표현의 정확성
의욕 및 조직적응력	• 일에 대한 열정 • 자신감 • 조직문화에의 융화 • 동료와의 조화성 • 자기계발
지도력	• 과외활동 사항 • 인적 네트워크
직무관련	• 업무수행능력 • 해당 업무에 필요한 지식 • 외국어 구사능력 • 센스 및 상황대처능력

항공사마다 기준점이 다르고 면접에서의 평가항목 또한 조금씩 다르게 나타나고 있지만 일반적으로 많이 사용되는 평가요소들을 분류해 보면 면접 시 외모에서 평가되는 인상적 요소와 면접자와 지원자의 질의응답 과정에서 평가되는 내용적 요소, 그리고 서류에 나타난 사실을 확인하는 과정에서 평가되는 자료적 요소로 나누어 볼 수 있다. 인상적 요소는 지원자의 인상과 전체적인 느낌을 통해 판단하는 것이다. 이는 지원자의 건강상태를 확인함과 동시에 사람을 가장 먼저 대표하는 얼굴, 말씨, 눈빛, 서있는 자세와 제스처 등을 통해 호감을 주는 인물인지를 평가하는 것이다. 내용적 요소는 면접관과 지원자의 질의응답 과정에서 확인되는 요소로서 지원자가 가지고 있는 생각, 성격, 성실성, 사회성, 인생관 등을 평가하는 데, 외모나 지원서류에서 평가할 수 없었던 점을 평가할 수 있는 요소들이다.

③ 항공 객실승무원 면접 MOT

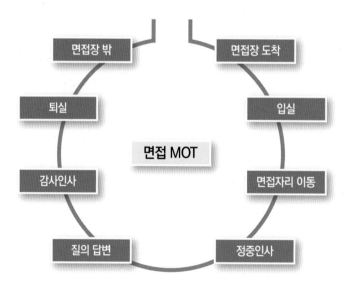

MOT는 Moment of Truth의 약자로 '진실의 순간', 즉 '결정적 순간'으로 번역할 수 있다. MOT란 스페인의 투우 용어인 'Moment De La Verdad'를 영어로 옮긴 것인데, 스웨덴의 마케팅 학자인 리차드 노만(R. Norman)이 서비스 품질관리에 처음으로 사용하였다고 한다. 원래 이 말은 투우사가 소의 급소를 찌르는 순간을 말하는 데, '피하려 해도 피할 수 없는 순간' 또는 '실패가 허용되지 않는 매우 중요한 순간'을 의미한다.

1) 면접장소 도착 시

면접장소에는 적어도 30분 전에 도착한다. 면접시간에 따라 교통상황이 다를 수 있으므로 반드시 사전에 교통편과 소요시간을 확인한다. 예상치 못하는 교통 상황으로 인해 지각을 할 수 있으니 예상시간보다 일찍 출발하는 것이 좋다. 승무원 근무에서 시간약속을 생명과 같이 여기는 것을 상기한다면 지각은 승무원 면접을 포기하는 것이다. 시간 지키기는 지원자의 신뢰와 성실성을 반영한다. 어느 기업도 지각, 조퇴를 일삼는 사원은 원하지 않는다. 면접장소에 일찍 도착해 면접장소도 익히고 마음을 가다듬는 시간을 갖도록 한다. 대기실에서는 다른 대기자와 소란스럽게 떠들거나 경망스런 행동을 하지 않도록 주의하고, 수험상의 주의사항이나 순번을 잘 들어둔다. 종종 결시자, 지각자가 있어 예정된 면접시간보다 일찍 면접을 보는 경우가 있으므로 항상 준비된 자세로 대기한다.

2) 입실 시

입실 시 가장 선두에 있는 지원자는 노크를 하고 면접장 문을 연다. 면접장의 문을 열고 들어가는 순간이 면접관과 대면하는 첫 순간임을 명심한다. 일반적으로 첫인상을 결정하는 데 걸리는 시간은 약 7초라고 한다. 면접관과 눈이 마주쳤다면 가벼운 목례와 눈인사로 좋은 이미지를 각인시킨다. 이때 면접관이 앞에 놓인 서류에 집중하느라 시선을 주지 않더라고 환한 인상을 유지한다. 마지막에 들어간 지원자는 등을 완전히 돌려 면접장 문을 소리가 나지 않도록 주의하며 완전히 닫는다. 이때 서두르지 말고 여유 있는 자세를 유지한다.

3) 면접자리로 이동 시

문을 열고 면접자리로 이동 시 비록 짧은 거리지만 이때 면접자의 이미지가 결정될 수 있음을 기억하고 바른 자세로 당당히 걷는다. 시선은 정면을 향하고 턱은 앞으로 살짝 당기며 허리를 곧게 세우고 앞사람과 일정한 거리를 유지하며 걷는다. 이때 10cm 이상의 지나치게 높은 굽을 신어 부자연스러운 걸음걸이가 되지 않도록 주의한다. 면접 시 구두는 7cm가 적당하다.

4) 정중인사 시

인사는 마음이 담겨 있어야 한다. 밝은 표정과 목소리로 인사한다. 등이 굽거나 어깨가 한쪽으로 기울지 않도록 주의하고, 너무 크거나 작은 목소리로 인사하지 않는다. 미소는 항상 유지하고 있어야 한다.

5) 질문에 답변 시

시종 침착하면서도 밝은 표정으로 자신감 있는 태도를 유지한다. 객실승무원 면접인 만큼 서비스맨다운 친절하고 상냥한 말투로 답변하는 것이 중요하다. 면접에서는 누구나 긴장하게 마련이다. 입가에 경련이 일어날 만큼 떨린다면 윗니가 보이는 함박미소를 시종일관 유지하기보다 가벼운 미소로 대기한다. 답변 스피치의 강약에 따라 미소의 크기를 조절한다. 부담스러운 질문을 받더라도 우물우물 거리지 않고 당당하고 자신감 있는 모습을 보이는 것이 좋다.

다른 지원자가 답변을 하고 있을 때는 면접관들과 아이콘택트를 유지하며, 다른 지원자의 답변에 귀 기울인다.

● 질문 답변 시 주의사항

- 답변 시 면접관들의 눈을 자연스럽게 주시하며, 시선을 다른 곳으로 돌리거나 긴장해 발장난이나 손장난을 하지 않아야 한다.
- 다리를 떨거나, 고개를 너무 자주 흔들거나, 눈을 지나치게 깜박거리는 등 불필요한 버릇을 자제하도록 한다.
- 미사여구로 말을 너무 꾸미지 말고 솔직하고 자신감 있는 태도로 신뢰감을 주도록 한다.
- 질문에 바쁘게 대답하지 말고 잠시 생각하여 조리 있게 대답한다.
- 혹시 실수하더라도 혀를 내밀거나 머리를 긁적거리지 않는다.
- 질문에 대해 대답할 말이 생각나지 않더라도 천장을 보거나 고개를 푹 숙이고 바닥을 보지 않는다.

- 질문 내용을 잘 못들었거나 이해하지 못했을 때는 적당히 지레짐작하여 대답하지 말고 정중히 다시 물어서 대답한다.
- 너무 큰소리로, 너무 빨리, 너무 많이 말하지 말고 차분한 음성으로 질문에 대한 요지만을 간추려 대답한다.

6) 감사인사 & 퇴실 시

면접관은 지원자가 인사하고 나가기까지의 일거수일투족을 관찰하고 있음을 잊지말아야 한다. 면접의 당락은 누구도 알 수 없다. 비록 실수를 했더라도 침울한 태도를 드러내거나 예의에 벗어난 행동을 하지 않도록 주의한다. 끝인사도 첫인사와 동일하게 밝은 태도를 유지한다. 퇴실할 때는 면접이 끝났다고 생각하여 긴장이 풀려 구두가 벗겨지거나, 다리를 삐끗하는 등의 실수를 하는 지원자들이 많다. 문을 열고 나가는 순간까지 긴장을 늦추지 않도록 한다. 마지막에 나가는 지원자는 반드시 문을 닫는 것을 잊지 않는다.

7) 면접장소를 벗어나면서

면접장 주변을 벗어나기 전까지 면접자로서의 매너를 지킨다. 면접장 건물이나 그 주변에서 큰소리로 통화를 하거나 한탄하며 면접 후기를 나누는 지원자들을 심심치 않게 본다. 항공사는 어느 회사보다 서로에 대한 매너를 중요시한다. 자신의 행동이 간접적으로 면접에 영향을 미칠 수 있음을 기억하자.

4 항공 객실승무원 면접 요령

1) 자기소개서를 바탕으로 예상 질문을 뽑는다.

면접관들은 자기소개서를 바탕으로 면접질문을 하는 경우가 많기 때문에 자기소개서는 거짓 없이 과장되지 않게 써야 한다. 그리고 면접관이 질문할 만한 예상 질문을 뽑아 미리 답변을 연습한다. 만약 학점이 낮다면 왜 낮은 학점을 받았는지,

혹은 직무와 무관한 전공자라면 왜 승무원에 지원했으며 직무를 위해 어떠한 노력을 했는지 대답할 수 있어야 한다. 그러나 이때 예상답변을 달달 외워 답변하는 것보다 키워드 중심으로 외워 자연스럽게 말하도록 연습한다. 면접관들은 외운 티가 나는 답변을 신뢰하지 않는다.

2) 질문의 의도를 파악한다.

면접질문은 지원자를 평가하기 위한 것이므로 질문 하나하나에 모두 의도가 숨어 있다. 면접관에게 의도에 맞는 답변을 명쾌하게 할 수 있는 지원자는 뛰어난 업무능력을 지녔다고 판단되며 면접관을 답답하게 만들지 않는다. 긴장한 지원자들은 의외로 면접관의 질문의 진의를 제대로 파악하지 못하고 동문서답하는 경우가 많다. 질문의 의도를 제대로 파악하기 위해서는 상대의 말을 처음부터 끝까지 경청하여 질문의 핵심을 간파하는 습관을 키우는 것이 중요하다.

면접관에게 질문을 받으면 내용에 대하여 자신의 머리와 마음으로 음미한 후 신중한 자세로 대답한다. 질문이 끝나자마자 1초의 여유도 없이 바로 답변하면 너무 긴장을 했거나 답변을 외워서 말하는 느낌을 줄 수 있다. 답변을 하기 전 한 템포의 여유는 지원자에게는 생각을 정리할 시간, 면접관에게는 답변을 들을 마음의 준비를 제공한다.

만약 요지 파악이 안 되었으면 그냥 넘어가거나 우물쭈물하지 말고 과감하게 "죄송하지만 다시 한번 말씀해 주시겠습니까?"라고 정중히 요청한 다음 질문의 의미를 이해하고 대답하도록 한다.

3) 스토리를 넣는다.

사람들은 뻔한 이야기에 귀를 기울이지 않는다. 면접장에서도 상황은 마찬가지다. 보편적이고 뻔한 답변은 하루 종일 수많은 지원자의 면접을 보느라 피곤한 면접관을 지루하게 만든다. 그렇다고 승무원 면접에서 너무 튀는 답변은 지원자의 자질 자체를 의심받을 수 있다. 따라서 보편적인 답변에서 크게 벗어나기 어려울 때는 비슷한 답변을 피하려고 애쓰기보다, 누구도 흉내낼 수 없는 '나만의 스토리'

를 이용해 평범한 이야기를 특별하게 바꾸는 방법이 있다. 스토리는 사람들로 하여금 귀를 기울이게 하는 힘이 있다. 또한 면접관의 흥미를 유발시켜 집중력을 높이며 지원자의 스토리에 공감하게 만든다. 또한 지원자의 경험이 승무원 업무에 어떻게 활용될지 쉽게 그려볼 수 있고 지원자의 가치관, 직업관 등도 알 수 있다. 내가 경험한 나의 인생 스토리 중 면접관이 흥미 있어 할 것들을 골라 소개하고, 그 경험이 내 인생에 어떤 영향을 미쳤는지, 내가 지원한 기업과 직무에 어떤 영향을 미칠지, 과거의 경험을 미래와 연관지어 이야기할 수 있어야 한다.

그렇기 때문에 평소 틈틈이 나의 경험들을 떠올려보고 이를 통해 어떠한 미래를 어필할 수 있을지 생각하는 습관을 들여야 한다.

4) 키워드는 하나로 답변한다.

지나친 욕심을 부려 너무 많은 내용을 한꺼번에 답변하는 경우가 종종 있는데 이러한 경우 산만한 느낌을 주게 되며 면접관의 집중력을 떨어뜨리는 결과를 가져오게 된다. 또한 자신을 드러내는 여러 가지 내용 중 어느 하나도 제대로 강조, 설명하지 못해 정보의 신뢰성도 떨어진다. 반면에 한 가지 키워드에 맞추어서 이야기를 전개하며 구체적이고 풍부한 근거를 들어 자신의 이야기를 입증해 나간다면 집중도를 높이고 듣는 이를 설득하고 신뢰감을 높일 수 있다.

5) 모든 답변에 '내'가 드러나도록 한다.

면접은 결국 나를 짧은 시간 안에 효과적으로 PR하는 것이다. '자신을 색으로 표현한다면?', '추천하고 싶은 기내식' 등의 질문의 경우도 단지 어떤 색, 또는 추천 기내식 자체가 궁금한 것이 아니라 이러한 질문을 통해 지원자의 자질, 재치, 성향 등을 알고 싶은 것이다. 면접관이 가장 알고 싶고 평가해야 할 대상은 바로 지원자 자신이다. 자신이 얼마나 간절하게 면접을 준비했으며 해당 회사에 지원하였는지 충분히 어필하도록 한다. 회사가 원하는 인재상으로서 얼마나 업무적 능력을 갖추었고 회사에 조화로운 인재인지를 모든 질문에 직간접적으로 적절하게 표현하고 알리도록 한다.

6) 긍정적이며 미래지향적으로 답변한다.

답변은 기본적으로, 가능한 긍정적으로 한다. 이야기를 전개해나가는 과정에서 '아직은', '~은 아니지만' 등의 부정적인 표현 대신에 '~해 나가겠습니다', '노력하고 있습니다' 등 미래지향적이고 긍정적인 표현을 사용하여 잠재력을 보여주는 것이 좋다.

7) 결론부터 답하고, 구체적으로 대답한다.

면접관의 질문을 받으면 일단 결론부터 이야기한 후 구체적으로 그 결론을 도출한 이유를 조리 있게 설명해야 한다. 자신이 하고자 하는 이야기를 면접관이 머릿속에 이미지로 그릴 수 있을 정도로 설명하는 것이 좋다. 이를 위해서는 다양한 경험과 사례를 들어 구체적으로 이야기하는 것이 좋다. 다만, 너무 지나치게 구체적으로 말하려고 하다 보면 답변이 장황해지고, 본래의 질문의도와 상관없는 내용까지 말하게 될 수 있기 때문에 조심해야 한다.

8) 자신의 대화 스타일로 말한다.

답변할 때 조금 큰 목소리는 자신감을 보여주어 면접관에게 확신을 심어준다. 그러나 웅변하듯이 하거나 너무 큰소리로 답변해서는 안 된다. 그리고 특정인의 대화법을 흉내내서도 안 된다. 면접 또한 사람과의 커뮤니케이션이다. 평상시 자신의 대화 스타일로 자연스럽게 말해야만 듣는 사람도 어색하지 않고 편안하다.

9) 끝까지 최선을 다한다.

면접관은 거짓과 허황된 답변을 원치 않는다. 오히려 어눌하지만 또박또박 성의껏 답변하는 자세가 높은 점수를 받는다. 어려운 질문, 답변이 곤란한 질문을 받더라도 최선을 다해 자기 주장이나 입장을 전달하려 노력해야 한다.

또한 질문 핵심에서 벗어난 답변을 했거나, 면접관으로부터 조소를 받을 정도로 분위기를 나쁘게 만들었다고 포기하면 안 된다. 면접에서도 역전이라는 것이 충분히 가능하다. 끝까지 최선을 다하는 자세가 중요하다.

10) 말끝을 분명히 한다.

무엇인가 주장이 분명하지 못하거나 논거가 부족할 때 말끝이 어물어물해질 수 있다. 그러면 면접관은 지원자가 자신이 없는 것으로 간주한다. 면접은 내용보다 태도의 점수가 더 비중이 있음을 기억하라. 말끝을 분명히 하면 다음 말을 이을 때도 훨씬 자신감이 생기고 마음도 안정되게 된다.

11) 올바른 경어를 사용한다.

올바른 경어사용법이 의외로 쉽지 않다. 시간, 장소 등의 환경에 따라 경어법도 달라지는 경우가 있다. 면접관에게 경어 사용법도 모른다는 인상을 주게 되면 곤란하다. 존대어와 겸양어를 혼동하여 해프닝을 빚는 경우가 의외로 많다. 정확하고 올바른 말을 사용하도록 미리 연습해 두는 것이 좋다.

또한 이야기를 하는 데 무슨 내용인지 알아듣기 어려우면 소용이 없다. 어려운 용어나 전문용어, 대학가의 은어, 사투리 등을 절제 없이 사용하면 면접관이 이해하기 어렵게 된다. 간단명료하고 일상적인 말로 쉽게 말하는 습관이 필요하다.

12) 감정을 드러내지 않아야 한다.

면접 도중에 감정의 변화를 드러내는 것은 좋지 않다. 면접관은 지원자의 능력만 판단하는 것이 아닌 인성도 함께 판단한다. 면접관들은 자신의 감정이 얼굴이나 말투에 바로 드러나는 사람에 대해 긍정적으로 생각하지 않는다. 입사하게 된다면 자칫 동료들을 불편하게 만들고 서비스 업무를 제대로 수행할 수 없기 때문이다. 당황스러운 표정이 과하게 얼굴표정에 드러나지 않도록 포커페이스를 유지하며 감정을 조절하는 법을 연습할 필요가 있다.

13) 다른 지원자의 말에 귀 기울인다.

그룹면접에서 지원자들이 하는 실수 중 하나가 다른 지원자의 이야기에 집중하지 않고 자신의 차례에 어떤 이야기를 할 것인가 생각하는 데 집중한다는 것이다.

다른 지원자의 순서에서도 딴청을 피우지 않고 귀 기울여 경청하는 행동은 상대방을 배려하는 면접의 기본 매너이다. 간혹 면접관이 "옆 지원자의 답변을 어떻게 생각하십니까?"라고 물을 수 있음을 기억하라.

14) 눈을 맞춘다.

시선은 사람과 사람을 맺어주는 가장 강력한 커뮤니케이션 수단이다. 서로 눈을 마주치고 대화를 나누면 신뢰가 높아진다. 그러나 계속해서 상대방의 눈만 뚫어져라 쳐다 보면 오히려 부담감과 불쾌감을 불러일으킬 수 있다. 따라서 적절하게 눈, 코, 입 등으로 시선을 살짝 비켜주는 것이 좋다.

면접관과의 아이콘택트는 면접관의 질문에 집중하고 있다는 하나의 제스처다. 여기서 주의할 점은 면접관이 여러 명인 경우 질문을 던진 면접관만 계속 바라보며 답변하는 것은 바람직하지 않다. 질문을 던진 면접관과 다른 면접관들을 돌아가면서 적절하게 시선을 배분하고 모든 면접관과 눈을 맞추며 이야기를 하는 것이 신뢰를 높일 수 있다.

15) 자신감이 가장 중요하다.

면접에 있어서 가장 중요한 것을 뽑으라 하면 대다수의 사람들이 '자신감'을 꼽을 것이다. 면접관들이 가장 싫어하는 면접자 태도 1위에 자신감 없고, 말끝을 흐리는 지원자들을 꼽았다. 그만큼 자신감의 중요성을 계속 강조해도 지나치지 않다. 면접에는 정답이 없는 만큼 정확한 답변보다는 자신감 있고 재치 있는 답변을 하도록 노력하라.

또한 답을 잘 모르는 질문을 받았을 때는 대충 얼버무리기보다는 솔직하게 모른다고 시인하고 다른 질문에서 만회하도록 한다. 그러나 무조건 모른다고 하기보다는 성의 있게 답변하려는 태도가 중요하다. 질문의 답변이 생각나지 않는다고 해서 혀를 내밀거나 고개를 숙이는 등의 행동을 하지 않도록 주의한다.

⑤ 항공 객실승무원 기출문제 답변 TIP

　면접을 쉽게 설명하자면, 지원자가 글로 쓴 자기소개서를 말로 표현하는 것이라고 할 수 있다. 거기에 더해 면접관이 지원자의 자기소개서 내용을 검증하고 더 알고 싶었던 점을 명확히 파악하기 위한 자리다. 따라서 면접관은 지원자의 언행에 집중해 몇 가지 질문을 던진다. 면접관이 알고 싶은 것은 '지원자가 우리 회사를 위해 열심히 일할 만한 사람인가?', '지원자가 승무원 직무에 어울리는 사람인가?', '지원자가 동료나 선후배들과 원만한 팀워크를 이룰 수 있는 인성을 갖췄는가?', '지원자가 문제를 해결할 수 있는 창의적인 사고를 갖춘 인재인가?'이다. 면접에서 받게 되는 질문은 자기소개서의 항목과 어느 정도 유사하긴 하지만 구술로 이루어지는 만큼 자기소개서의 내용을 기본으로 하되, 그것을 효과적으로 전달할 수 있도록 새롭게 준비해야 한다. 항공사 면접에 자주 나오는 질문들이다. TIP을 활용하여 나만의 답변을 만들어 보자.

자기소개해 주세요.

> **TIP** 면접관은 지원자가 자기소개를 하는 동안 지원자의 서류를 다시 한번 체크하면서 자기소개에 나온 내용을 베이스로 지원자에게 던질 질문을 결정한다. 자기소개를 듣고 곧바로 꼬리질문들이 이어질 수 있으므로 후속 질문에 대한 답변도 함께 준비한다. 자기소개는 자신의 전공이나 지원분야, 서비스직무와 연계한 내용이 좋고, 외모나 철학, 사상 등을 담은 재미있는 내용도 괜찮다.

나의 답변

승무원 지원동기를 말씀해 주세요.

> **TIP** 지원동기를 묻는 질문에 답하기 위해서는 '나의 자질 중 무엇이 승무원에 적합한가?', '승무원 업무를 잘 수행할 수 있을 거라고 믿는 경험적 근거는 무엇인가?', '나의 삶의 비전과 가치관은 승무원이란 직업의 어떤 부분과 연관되어 있는가?'라는 질문에 먼저 답을 해야 한다. 막연히 승무원을 동경해서 지원했다는 유아적인 답변은 지양해야 한다.

나의 답변

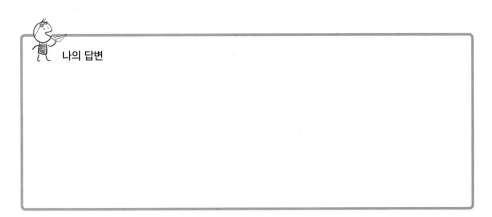

승무원에게 가장 중요한 자질이 무엇이라고 생각하십니까?

TIP   승무원에게는 **서비스관련 자질**(서비스 마인드/배려심/인내심/친절함/예의 바름 등), **안전관련 자질** (책임감/상황대처능력/문제해결능력/리더십 등), **팀워크관련 자질**(협동심/성실함/솔선수범/시간엄수 등), **글로벌 마인드관련 자질**(어학능력/국제매너/포용력/다양한 문화의 이해 등), 이외에 체력, 자기관리능력 등 다양한 자질이 요구된다.
이 중 자신이 가장 중요하다고 생각하는 자질을 1~2개 뽑고, 왜 그렇게 생각하는지의 근거를 설명한다. 지원자가 이러한 자질을 충분히 갖추고 있다는 것도 어필하는 것이 좋다.

나의 답변

승무원이 되기 위해 특별히 노력한 것이 있습니까?

TIP   승무원에게 필요한 자질이 무엇인지 먼저 생각해 보자. 이것을 갖추기 위해 어떤 노력을 해 왔는지 예시를 들어 구체적으로 설명한다.
'미소 연습을 했다.', '면접 기출문제를 연습했다.'와 같은 답변은 피하는 것이 좋다.

나의 답변

성격의 장점에 대해 말해 보세요.

TIP　지원자가 주위 동료나 선후배와 어울려 원만하게 지낼 수 있는 성격인지, 승무원 직무가 적성에 맞는지 판단하기 위한 질문이다. 욕심이 과해 장점을 여러 가지 말하기보다 한 가지를 구체적으로 설명하는 것이 좋다. 승무원 업무에 도움이 될 만한 장점, 혹은 지원 항공사의 인재상에 맞는 장점을 한 가지만 언급하고, 그 장점을 뒷받침해 줄 수 있는 충분한 사례를 드는 것이 중요하다.

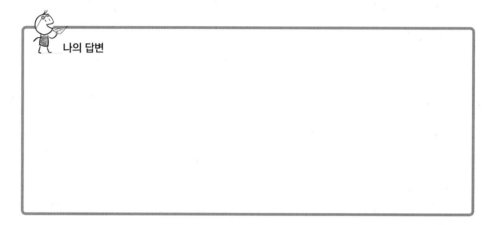

나의 답변

단점에 대해 말해 보세요.

TIP　단점을 말할 때는 극단적이거나 승무원 업무에 치명적인 영향을 주는 단점보다 누구나 지녔을 법한 작은 단점을 드는 것이 좋다. 다만, 너무 장난스럽게 답변하는 것은 좋지 않으며, 자신의 단점을 솔직하게 인정하고 단점을 극복하기 위한 노력에 초점을 맞추는 것이 중요하다. 면접관은 지원자의 진정성 있는 의지와 태도를 알고 싶어한다.

나의 답변

좌우명이 있습니까?

TIP   이 질문은 가치관, 가훈, 소신과 동일한 질문으로 비교적 자주 등장하는 질문이다. 자기 분석을 통해 남다른 시각으로 인생을 접근하는 좌우명을 이야기한다면 면접관에게 좋은 인상을 남길 수 있다. 늘 듣던 식상한 문구가 아닌 위트와 재치가 넘치는 신선한 문구를 말하는 것이 좋다. 좌우명을 업무 수행에 어떻게 적용할 것인지 함께 말한다면 높은 점수를 얻을 것이다.

나의 답변

 평소에 건강관리는 어떻게 하나요?

TIP   여러 대륙의 다양한 시간대를 넘나들며, 밤샘 근무가 많은 승무원에게 체력관리는 무엇보다 중요하다. 평소 건강관리나 자기관리가 철저한 지원자는 기업의 든든한 기초체력이 될 것이고, 면접관은 기업의 기초체력이 되어줄 만한 지원자를 찾는 것이다. 헬스클럽이나 클라이밍 같은 특별한 운동은 하지 않더라도 생활 속의 습관이 자연스레 건강관리로 이어지도록 신뢰감 있는 답변을 작성해 보자.

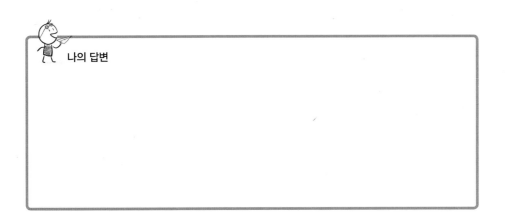

나의 답변

취미가 무엇입니까?

TIP 취미나 특기를 묻는 질문은 지원자의 가치관이나 성향을 파악하려 함이다. 취미, 특기 같은 경우는 면접관이 사전 검토한 이력서를 바탕으로 질문을 하는 데, 취미, 특기가 남다르면 개별 질문을 받을 가능성이 높다. 면접관의 흥미를 유발할 만한 참신한 취미와 특기를 써넣어보자. 취미/특기를 억지스럽게 승무원과 연관짓기보다 자연스럽게 답변을 통해 지원자의 서비스맨으로서의 성향이 파악되도록 한다.

나의 답변

평소에 스트레스를 어떻게 해소하나요?

TIP 심리학자 한스 셀라이 박사는 '스트레스로부터 완전한 자유는 죽음'이라고 했을 만큼, 현대인에게 스트레스는 불가분의 관계이다. 승무원은 '감성노동'이 가장 심한 직업 1위를 차지할 만큼 스트레스가 많은 직업이다. 그만큼 스트레스 관리가 승무원 생활의 성패를 좌우한다. 면접관은 그때그때 지혜롭게 스트레스를 풀 줄 아는 현명한 사람을 원한다. 자신만의 스트레스 해소법으로 면접관에게 건강한 정신력으로 무장된 지원자임을 알리는 것이 효과적이다.

나의 답변

입사 후 포부를 말해 보세요.

TIP　　입사 후 포부는 거창한 목표보다는, 신입 승무원으로서 어떻게 행동해 항공사가 원하는 인재가 될 것인지 소신 있게 계획을 밝히는 것이 좋다. 이를 위해서는 직장인으로서 갖춰야 할 기본적인 소양들을 먼저 생각해 보고, 승무원으로서 회사발전에 기여할 방안을 진지하게 고민해 보자. 이때 '항공사의 없어서는 안 될 인재가 되겠다.", 명품 승무원이 되겠다.'와 같은 뜬구름 잡는 답변이 되지 않도록 주의하자. 구체적이고 실천 가능한 자신만의 비전계획과 열정을 표현해 보자.

 나의 답변

 어학연수로 무엇을 배웠습니까?

TIP　　어학연수를 다녀온 사람이 흔해지면서 단순히 어학연수를 다녀온 것만으로 어필하던 시대는 지났다. 물론 글로벌 인재로 성장하려는 노력과 젊은 시절에 외국 경험을 하는 것은 권할 만한 일이지만, 국내에서 기본적인 공부를 하지 않은 상태에서 막연히 어학연수를 가면 말문이 트일 것 같다는 환상은 지양해야 한다. 특히 어학연수를 다녀왔는데 어학성적이 좋지 않으면 더 안 좋은 평가를 받을 수 있음을 기억하자. 어학연수를 떠나는 것은 그들의 언어와 문화와 관습, 그리고 가치관을 이해하기 위해 떠나는 것이다.

 나의 답변

아르바이트 경험이 있나요?

TIP   이 질문을 통해 지원자의 사회성과 성실성, 경제관념, 나아가 회사에 기여할 수 있는 기초적인 경험이 있는지 확인할 수 있다. 독특한 경험담을 제시하고 아르바이트 과정에서의 성취감, 교훈 등을 전달하여 준비된 직장인으로서의 모습을 피력하는 것이 좋다. 특히 서비스 업무분야와 상관관계가 있는 주제를 말하는 것이 바람직하다.

 나의 답변

 자신의 5년 후, 10년 후의 모습은 어떨 것이라고 생각합니까?

TIP   자신의 미래 계획을 세워둔 사람이 그렇지 않은 사람보다 성공가능성이 크다는 조사 결과가 있다. 기업에서는 회사의 지시가 없어도 자신의 업무분야에서 최고가 되려고 노력하는 자발적 열정을 지닌 사람을 원한다. 앞으로 어떻게 항공사가 원하는 인재로 발전할 것인지 자신의 소신과 계획을 구체적으로 밝혀야 한다. 업무와 관련없는 결혼이나 육아와 같은 개인사를 이야기하거나 이직 등을 언급하는 지원자는 없길 바란다.

나의 답변

가장 존경하는 인물은 누구입니까?/ 인생에 멘토가 있다면?

TIP   존경의 대상이 누구인지는 중요하지 않다. 왜 존경하는지, 어떤 면을 존경하는지 자신의 가치관에 어떤 긍정적인 영향을 미쳤는지가 중요하다. 다만, 부모님은 가급적 거론하지 않는 것이 좋다. 이런 지원자는 경험치가 얕고 사회성이 떨어져 보일 수 있으며, 아무 특징 없이 그냥 잊히는 지원자가 될 수 있다.

나의 답변

 살면서 가장 어려운 때가 있었다면 언제인가?

TIP   지원자의 의지가 얼마나 강한지 또 실천력이 있는지 확인하는 문제이다. 요즘 신입들 중 조금만 힘든 일이 주어진다 싶으면 자신의 비전과는 맞지 않다며 튕겨져 나가는 일이 비일비재하다. 회사에서는 이런 의지박약의 나약한 지원자들은 골라내고 싶어한다. 살면서 힘들었지만 포기하지 않고 끝까지 이루어낸 일을 생각해 보자. 반드시 최악의 상황을 이야기하지 않아도 된다. 어려웠던 일보다는 이겨낸 의지에 중점을 두어 답변하자.

나의 답변

학창시절 가장 기억에 남는 것은 무엇입니까?

TIP　어떤 활동이든 열심히 참여한 사람이 조직에서도 적극적으로 업무에 임할 확률이 높다. 학점은 성실함을 어필할 수 있는 가장 큰 무기다. 서비스관련 과목을 이야기하며 업무에 도움이 될 무엇을 배웠는지를 중점적으로 말하면 좋다. 또한 대외 활동이나 대표로서의 경험, 본인 때문에 팀워크가 잘 발휘된 예 등을 언급하면 좋은 점수를 받을 수 있다.

나의 답변

 봉사활동^(동아리활동) 경험에 대해 말해 보세요.

봉사활동(동아리활동) 경험에 대해 말해 보세요.

TIP　어떤 기관에서 어떤 일을 했는지, 짧지만 구체적으로 말하면 좋다. 이때 단순히 봉사활동 자체에 대해서만 이야기하는 것이 아니라, 그 활동을 통해 배우고 느낀 점을 언급해야 한다. 특별한 경험을 하지 않았어도 괜찮다. 평범한 경험에 어떻게 의미를 부여하느냐가 더 중요하다.

나의 답변

좋은 서비스는 무엇이라고 생각하십니까?

> **TIP** 지나치게 상투적이거나 추상적인 답변이 되기 쉬운 질문이다. 좋은 서비스에 대한 정의를 나열하기보다 실제 경험을 바탕으로 한 스토리를 가미하는 것이 좋다. 실제 받아본 서비스, 혹은 내가 제공해 본 서비스를 구체적으로 이야기하고 그것을 통해 느낀 점, 배운 점을 말해 보자. 지원 항공사에서 제공하고 있는 서비스를 조사하여 예시로 드는 것도 좋은 방법이다.

나의 답변

 당신을 색에 비유한다면 무슨 색입니까?

> **TIP** 이 질문은 지원자의 인성이나 가치관을 살펴보기 위함이다. 어떤 색을 고르든 색이 중요한 것이 아니다. '자신의 어떠한 성향, 가치관, 자질을 어필할 것이며, 그것을 어떤 색으로 표현할 것인가'를 고민해야 한다. 선택한 색에 대한 자신만의 느낌과 이미지를 실생활이나 인간관계에 접목시켜 공감할 만한 빛깔의 이미지로 재창조하자.

나의 답변

본인의 전공이 승무원 업무에 어떤 도움이 될까요?

TIP   서비스관련 전공이나 어학 전공은 타 전공에 비해 승무원 업무와 연관성이 높기 때문에 답변을 풀어가기 쉬운 편이다. 학과에서 배운 내용을 승무원 업무에 어떻게 활용할 것인지 구체적으로 말하면 된다.
반면 타 전공자의 경우, 억지로 승무원 업무와 연결짓기보다 그 전공을 공부하면서 갖추게 된 태도나 성향이 승무원의 업무에 어떤 도움이 되는지를 설명하는 것이 좋다.

 나의 답변

 우리 항공사에 지원한 이유가 있나요?

TIP   이 질문은 '왜 승무원이 되고 싶은가?'와 같은 승무원 지원동기를 묻는 질문이 아니다. 국내 많은 항공사가 있는데 왜 우리 항공사여야만 하는지를 묻는 질문으로 지원하는 항공사에 대해 얼마나 잘 알고 있으며 회사에 대한 애정과 입사의지를 보고자 함이다.
비전, 수상경력, 사회공헌활동, 발전가능성 등 지원하는 회사의 기업분석이 선행되지 않으면 면접관이 기대하는 답을 하기 힘들 것이다.

 나의 답변

최근 우리 회사 소식을 아는 대로 말해 보세요,

TIP   사전에 회사에 대한 정보와 기사를 조사하는 것은 지원자로서의 예의이다. 지원 6개월 전부터 회사 기사를 스크랩하고 그에 대한 생각을 정리해 놓자. 이왕이면 안 좋은 소식보다는 수상기사나 새로운 취항지, 사회공헌활동 등과 같은 긍정적인 기사를 이야기하는 것이 좋다.

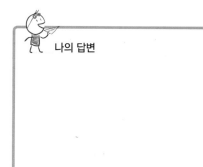

나의 답변

 왜 당신을 뽑아야 합니까?

TIP   면접관은 이 질문을 통해 지원자의 취업 의지와 더불어, 지원자를 선택해야만 하는 설득력 있는 답변을 원한다. 짧은 광고에서 팔고자 하는 제품의 차별화된 특성을 PR하듯, 지원자 자신의 PR을 할 타이밍이다. 당연히 승무원 역량이 바탕이 되어야 한다.

나의 답변

졸업 후 무엇을 했습니까?

TIP 졸업 후 특별한 경력 없이 공백기간이 긴 지원자에게 주로 하는 질문이다. 많은 졸업생들이 취업 준비로 인해 공백기를 갖게 되는데, 그저 대책 없이 시간을 흘려보낸 것으로 보이지 않기 위해, '이 공백기가 나에게 왜 필요했는지'에 대한 설득력 있는 이유를 말할 수 있어야 한다. 그리고 그 기간 동안 사회인이 되기 위한 어떤 준비를 어떻게 해왔는지 구체적으로 말한다.

 나의 답변

 승무원이 되면 무엇이 가장 좋을 것 같습니까?

TIP 면접은 나의 입장이 아닌 면접관의 입장에서 바라봐야 한다. '여행을 많이 할 수 있다.', '여성으로서 복지가 좋다.', '외국 친구들을 많이 만들 수 있다.'와 같은 개인 욕심을 채우기 위한 답변은 면접관에게 좋은 인상을 주지 못한다. 승무원 업무에 대한 기대와 열정을 표현하고 적성을 충분히 발휘할 수 있어서 내가 얻는 것이 무엇인지 생각해 보자.

나의 답변

우리 회사의 개선해야 할 점이 있다면?

TIP 지원회사에 대한 관심과 지원자의 성의를 보여줘야 한다. 그러나 회사 내부사정을 모르는 상태에서 회사에 대한 지나친 비판은 무례한 느낌을 줄 수 있으니 조심해야 한다. 지원회사의 제공서비스, 홈페이지, 광고 등을 파악하는 것이 우선이며 그에 대한 긍정적 개선 방향을 생각해 보자. 이때 부족한 점이 아니라 추가로 더 발전시키고자 하는 부분을 답변으로 삼는다.

나의 답변

 우리 항공사 하면 어떤 이미지가 떠오르는가?

TIP '명품 항공사, 글로벌 항공사, 고급스러움, 한국 대표 항공사'와 같이 대부분의 지원자들이 갖는 항공사의 이미지는 비슷하다. 한정적이고 진부한 답변을 나만의 답변으로 만들기 위해서는 지원항공사의 광고나 최근 기사, 지원회사만의 특별한 서비스 등을 근거로 대거나 항공사에 대한 직간접적인 경험을 바탕으로 스토리를 풀어 가면 좋다.

나의 답변

학점이 왜 이렇게 안 좋은가?

TIP   학점은 단순히 공부를 잘하고 못하고의 척도가 아니라 그 지원자의 성실함을 대변해 주는 도구이다. 그래서 면접관은 너무 낮은 학점을 학교생활을 불성실하게 했다는 증거로 여길 수 있다. 하지만 그렇다고 억지스러운 변명을 늘어놓기보다는, 자신의 잘못을 솔직히 인정하고 그로 인해 깨달은 바와 앞으로의 의지를 보여줘야 한다. 입사 후의 계획을 구체적으로 밝힘으로써 면접관의 의구심을 해소시켜야 한다.

 나의 답변

 최근에 읽은 기사 중 가장 인상에 남는 것은?

TIP   신문에 난 똑같은 기사를 보더라도 가장 인상에 남는 것은 그 사람의 관심사나 가치관에 따라 천차만별이다. 면접관에게 보다 인상적인 답변으로 기억되려면 모두가 주목하는 일반적인 얘기가 아닌 나만의 관심사를 끄집어내자. 보고 듣고 느낀 것을 얼마나 조리 있게 논리적으로 전달하는지를 눈여겨 볼 것이다.

나의 답변

별명이 있습니까? 그 별명을 갖게 된 이유는?

TIP   누구에게나 한두 개의 별명이 있게 마련이다. 면접관이 분위기를 풀어주기 위해 가볍게 던진 질문이라고 생각하면 큰 오산이다. 면접관이 던진 질문에 무심코 튀어나온 답변이 당락을 결정짓는 요인으로 작용할 수 있다. 별명은 제3자를 통해 본 자신의 모습이다. 지원자에 대한 주변 사람들의 평가를 알 수 있는 답변이니 신중할 필요가 있다. 좋은 별명이라면 적극 PR하고, 나쁘다면 고쳐라. 그리고 없다면 이번 기회에 지인에게 부탁해 하나 만들어 보자.

 나의 답변

 살면서 가장 기뻤던 일과 슬펐던 일은 무엇인가?

TIP   살면서 수도 없이 많은 기쁜 경험들과 슬픈 경험들이 있지만, 막상 면접장에서 이런 경험에 관한 질문들은 받으면 무슨 일을 이야기해야 할지 당황하게 마련이다. 미리 준비하지 않으면 유치하거나 개인적인 이야기가 구구절절해질 수 있으니 주의하자. 면접관은 이 질문을 통해 지원자 개개인의 성숙도, 사고의 수준 등을 알 수 있다. 성취 경험, 어려움을 긍정적으로 받아들이며 극복하려는 의지, 깨달음을 통한 발전 의지 등을 보여주자.

 나의 답변

지난번엔 왜 탈락했다고 생각하는가?(두 번째 지원자에게)

> **TIP** 일단 자신이 부족했던 점을 겸허하게 인정하고 받아들이는 모습을 보여야 한다. 그리고 지난 지원에 비해 향상된 부분과 합격할 만한 근거를 명확하게 보여주어야 한다. '미소연습', '체중감량', '면접스킬 향상' 등의 답변보다는 항공사의 인재상을 먼저 파악하고, 그에 맞는 모습을 갖추기 위해 어떤 노력을 기울였는지 구체적으로 말한다.

나의 답변

 **승무원 업무가 적성에 안 맞으면 어떻게 하겠는가?**

> **TIP** 면접관은 승무원이라는 직업의 장점과 환상만 보고 있거나 '승무원이 천직이다.' 같은 근거 없는 확신을 가진 지원자를 이 회사에 오래 근무할 사람으로 생각하기 어렵다. 따라서 지원자는 승무원의 업무가 생각보다 힘들고 인내심이 필요함을 충분히 이해하고 있으며, 힘든 일이 있더라도 책임감과 인내심을 갖고 잘 극복하겠다는 의지를 분명하게 표현해야 한다. 자신의 예전 경험을 바탕으로 설득하는 것도 좋은 방법이다.

나의 답변

06 Chapter 항공 객실승무원 면접 요령

학생과 직장인의 차이는 무엇이라고 생각합니까?

TIP   학창시절이 사회인으로서 필요한 지식과 교양을 갖추는 시기라면, 직장에서는 자신의 능력을 바탕으로 회사에서 바라는 성과를 내야 한다. 즉, 학생시절과 달리 사회구성원으로서 책임이 따르게 된다. 이러한 변화에 대해서 사전에 어느 정도 이해를 하고 있으며 마음의 준비가 되어 있는지 살펴볼 수 있는 질문이므로 앞으로의 직장생활을 충분히 적응할 수 있는 능력과 자세를 갖춘 지원자임을 보여주자.

나의 답변

 대학생활 중 가장 후회스러운 것은?

TIP   후회스러운 점은 결국 자신의 가장 미흡한 부분을 드러내는 것이므로 조심스럽게 답변해야 한다. '학점이 낮은 것', '외국어 공부를 열심히 안한 것'과 같이 면접관들에게 공격을 받을 여지가 있는 질문보다는 누구나 납득할 수 있는 무난한 답변으로 고르는 것이 좋다.

나의 답변

6 항공사 면접 기출문제

1) 주제별 면접 기출문제

① 승무원 직업/지원동기

- 항공사 승무원 직업의 장단점을 말해 보세요.
- 자신의 어떤 점이 승무원 직업에 적합하다고 생각하십니까?
- 자신의 성격 중 어떤 부분이 승무원으로서 근무하는 데 도움이 될 것이라고 생각합니까?
- 다른 일반직과 비교해 승무원직의 장단점을 말해 보세요.
- 객실승무원은 어떤 직업이라고 생각하십니까?
- 승무원이 된다면 얻을 수 있는 것 한 가지를 말해 보세요.
- 승무원이 갖춰야 할 덕목 중 자신에게 가장 부족한 면이 무엇이라고 생각합니까?
- 승무원 지원자로서 자신만의 경쟁력이 있다면?
- 자신의 전공이 기내서비스에 어떻게 도움이 될지 말해 보세요.
- 자기 전공이 기내서비스에 어떻게 도움이 될지 말해 보세요.
- 면접관이라면 어떤 점을 중점적으로 보시겠습니까?
- 승무원 덕목 지덕체에 대해서 말해 보세요.
- 유니폼 입은 승무원을 보면 어떤 생각이 드나요?
- 승무원의 직업윤리는 무엇입니까?
- 승무원이 되면 무엇이 가장 좋을 것 같습니까?
- 승무원을 제외한 다른 직업을 가지게 된다면 어떤 일을 하고 싶습니까?
- 만약에 불합격하면 어떻게 하시겠어요? 그 이유는 무엇이라고 생각하십니까?
- 몇 번째 응시입니까?
- 바람직한 승무원의 자세에 대해 말해 보세요.
- 승무원에게 필요한 자질은 무엇이라고 생각하십니까?

- 승무원이 되면 어떤 일이 가장 먼저 하고 싶습니까?
- 왜 다른 지원자보다 당신을 채용해야 한다고 생각하십니까?
- 이상적인 승무원이 되기 위해 평소에 어떤 노력을 하십니까?
- 혹시 퇴사를 할 경우 어떤 이유로 퇴사를 할 것 같으십니까?
- 승무원이 다른 회사의 일반직과 다른 장점과 단점을 말해 보세요.
- 승무원이 하는 일이 무엇이라고 생각하세요?
- 객실승무원은 어떤 직업인가요?
- 자신이 가진 승무원의 자질 중 가장 부족한 점이 무엇인지 말해 보세요.
- 승무원에 지원하게 된 진짜 동기는 무엇입니까?
- 승무원에게 필요한 자질 3가지를 말해 보세요.
- 승무원을 지망한 특별한 이유가 있습니까?
- 승무원 직업에 가장 매력을 느낀 것은 무엇입니까?
- 승무원이 되기 위해 어떤 준비를 했습니까?
- 다른 항공사가 아닌 우리 항공사를 지원한 특별한 이유가 있습니까?
- 만약 불합격한다면 그 이유는 무엇이라고 생각합니까?
- 전공을 살리지 않고 승무원에 지원한 이유가 있습니까?
- 주변에 승무원으로 일하는 분이 있나요? 승무원의 어떤 점이 가장 좋다고 하던가요?
- 승무원 업무 중 가장 하기 싫은 일은 무엇입니까?
- 주변에 승무원으로 일하는 분이 있나요? 승무원의 어떤 점이 가장 힘들다고 하던가요?
- 체력, 이미지, 영어, 이 셋 중에서 승무원에게 가장 중요한 것은 무엇일까요?
- 체력, 이미지, 영어, 이 셋 중 가장 자신 없는 것은 무엇입니까?
- 안전과 서비스 마인드 중 무엇이 더 중요하다고 생각합니까?
- 안전, 미소, 서비스 마인드 중에서 무엇이 가장 중요하다고 생각합니까?
- 자신에게 가장 인상 깊었던 승무원에 대해 말해 보세요.
- 승무원에게 갖는 편견이 있다면 어떤 것이 있을까요?

- 승무원 연봉이 어느 정도인지 알고 있습니까? 일하는 것에 비해 적을 수도 있는데, 어떻게 생각하십니까?
- 승무원 일이 적성에 안 맞는다면 어떻게 하시겠습니까?
- 승무원 일이 생각보다 힘들텐데, 잘할 수 있다고 생각합니까?
- 전공을 살려서 직업을 찾는 것이 빠를 것 같은데, 그쪽으로 취업할 생각은 없나요?
- 만약 승무원이 아니라 우리 회사 지상직원으로 채용한다면 어떻게 하겠습니까?
- 만약 우리 항공사의 지상직원과 다른 항공사의 승무원 중 하나를 선택해야 한다면, 무엇을 선택하겠습니까?
- 항공사의 지상직원이 더 중요한가요, 승무원이 더 중요한가요?
- 항공사에 있어서 예약발권 담당, 지상직원, 객실승무원 중 누가 가장 중요하다고 생각합니까?
- 항공사의 지상직과 객실승무원과의 차이가 뭐라고 생각합니까?
- 승무원을 보면서 꼴불견이라고 생각한 모습이 있나요?
- 유니폼을 입고 출퇴근하는 것에 대해 어떻게 생각합니까?

② 자기소개/신상

- 자기소개 짧게 해주세요.
- 자기 PR 1분 내로 해보세요.
- 자신을 영어로 소개해 주세요.
- 자신이 왜 승무원에 어울리는지 말해 보세요.
- 자신을 자랑해 보세요.
- 자신의 성격에 대해 말해 보세요.
- 자신의 가장 큰 경쟁력은 무엇입니까?
- 나는 ㅇㅇㅇ이다. 한마디로 표현해 보세요.
- 자신을 명사/형용사로 표현해 보세요.
- 자신에 대해 사자성어로 표현해 보세요.

- 지금 이 분위기를 고사성어로 말해 보세요.
- 자신을 색깔로 표현해 보세요.
- 자신을 꽃/동물/악기 등으로 비유해 보세요.
- 자신을 표현할 수 있는 영어단어, 한글단어, 고사성어로 각각 한 가지씩 말해 보세요.
- 이름으로 삼행시를 지어 보세요.
- 자신에게 있어 가장 소중한 것 3가지만 말해 보세요.
- 살면서 가장 큰 도전은 무엇이었습니까?
- 별명이 있습니까?
- 자신의 매력 포인트는 무엇이라고 생각하나요?
- 자신의 첫인상에 대해서 남들은 뭐라고 합니까?
- 자신의 외모 중 가장 자신 있는^(자신 없는) 부분은?
- 자신의 가장 큰 단점은 무엇이며, 이를 어떻게 극복해 나가는 편입니까?
- 자신의 가장 큰 장점은 무엇입니까?
- 주변 사람들이 자신을 어떻게 표현하나요?
- 지난 면접에서 왜 떨어졌다고 생각하나요?
- 지난 면접 때보다 보완한 점이 있나요?
- 고향의 자랑거리를 말해 보세요.
- 개인적으로 자기계발을 위해 하고 있는 것이 있습니까?
- 단기적인 개인 목표는 무엇입니까?
- (전 공채 지원자에게) 본인이 왜 떨어졌다고 생각합니까?
- 일주일 휴가가 생긴다면 무엇을 하겠습니까?
- (지원자의 자기소개를 바탕으로) 활달하고 주위 사람들을 즐겁게 한다고 했는데 1분 동안 면접관들을 웃겨 보세요.
- 다이어트나 체력관리를 위해 무엇을 하고 있습니까?
- 다이어트 해본 경험이 있습니까?
- 가장 자신 있는 일은 무엇입니까?
- 가장 가고 싶은 나라는 어디입니까?

- 약해 보이는데 건강에 자신이 있습니까?

- 고등학교 자랑 좀 해주세요.

- 고민은 누구와 상담합니까?

- 꼭 사고 싶은 물건이 있다면 어떻게 합니까?

- 남을 보조하고 돌보아주는 일을 좋아합니까?

- 부모님이나 남자친구가 승무원되는 것을 반대한다면 어떻게 하겠습니까?

- 남자친구가 있습니까? 있다면 자랑해 보세요.

- 로또에 당첨된다면 어떻게 하겠습니까? 승무원을 계속하겠습니까?

- 무슨 음식을 좋아합니까? 살이 찌지는 않습니까?

- 면접 장소까지 무엇을 타고 왔습니까? 시간은 얼마나 걸렸습니까?

- 살면서 다른 사람과 갈등이 있으면 어떻게 대처하십니까?

- 살면서 가장 속상했던 일을 말해 보세요.

- 살아오면서 가장 기뻤던 일을 말해 보세요.

- 지니에게 소원 3가지를 말한다면 무엇을 말하겠습니까?

- 수영 수준은 어느 정도입니까?

- 앞으로 5년 동안 무엇을 이루고 싶습니까?

- 장기적 목표는 무엇입니까? 앞으로 10년 후에 어떻게 되어 있고 싶습니까?

- 집이 먼데 자취할 생각입니까? 혼자서 생활하는 것은 가능합니까?

- 어렸을 때 꿈이 무엇이었습니까?

- 여행지 중 제일 기억에 남는 곳은 어디입니까?

- 단발머리를 한 특별한 이유가 있습니까?

- 운동을 좋아합니까?

- 건강관리를 위해 하는 것은 무엇입니까?

- 추천하고 싶은 웰빙음식이 있다면?

- 다른 지원자들보다 당신이 뛰어나다고 할 수 있는 것이 있다면?

- 오늘 회사에 들어와서 무엇을 느꼈습니까?

- 인생을 살면서 부끄러운 일을 한 적이 있습니까?

- 자신의 능력과 일 습관을 개선하기 위해서 노력했던 것은 무엇입니까?

- 자신의 나쁜 버릇 또는 고쳐야 할 버릇이 있다면 무엇입니까?
- 자신의 성장과정에 지대한 영향을 끼친 사람이나 사건이 있습니까?
- 자신은 얼마짜리 사람이라고 생각합니까?
- 자신이 추구하는 스타일은 무엇입니까?
- 잘 웃는 편입니까? 자신의 미소에 대해 어떻게 생각합니까?
- 졸업 후 무엇을 할 겁니까?
- 지금까지 살면서 가장 재미있었던 일이 있다면 무엇입니까?
- 지금까지 살면서 가장 슬펐던 일은 무엇입니까?
- 지금까지 살면서 좌절감을 맛보았던 적이 있습니까?
- 지금까지 최대 난제는 무엇이었습니까? 어떻게 극복했습니까?
- 첫 월급을 타면 어디에 쓸 계획입니까?
- 최근에 가장 열중하고 있는 일은 무엇입니까?
- 최근에 가장 잘 했다고 생각하는 일이 있다면 무엇입니까?
- 취침시간과 기상시간은 언제입니까?
- 보통 취침 전에 무엇을 합니까?
- 취미는 무엇입니까?
- 쉬는 날 보통 무엇을 합니까?
- 특기에 대해 이야기해 보세요.
- 하루 일과에 대해서 말해 보세요.
- 한 달 용돈은 얼마나 씁니까?
- 평소 뷰티 관리법을 말해 보세요.
- 헌혈을 해 봤습니까?

③ 가정환경

- 가족사항에 대해 말해 주세요.
- 당신의 가정을 소개해 보세요.
- 부모님 슬하를 떠나 살아본 적이 있습니까?
- 부모님을 닮은 점이 있다면 무엇입니까?

- 부모님께서 가장 강조하신 교육지침이 있다면 무엇입니까?
- 부모님에게 영향을 받은 것은 무엇이라고 생각합니까?
- 부친에 대해 말씀해 주세요.
- 아버지의 직업은 무엇입니까?
- 아버지가 퇴근하시면 주로 어떤 대화를 나눕니까?
- 외동딸/맏딸/막내의 장단점에 대해 말씀해 주세요.
- 외동딸이면 이기적이고 욕심 많은 성격이지 않습니까?
- 집안에 가훈이 있습니까?
- 집에서 승무원 직업을 반대하지 않습니까?
- 승무원에 지원한다고 했을 때 부모님의 반응은 어땠습니까?
- 평소 부모님의 가르침은 무엇이었습니까?

④ **성격/성향**

- 처음 보는 사람과 금방 친해지는 편입니까? 친해지는 데 시간이 오래 걸리
  는 편입니까?
- 주변 사람들과 관계가 좋습니까?
- 당신은 목표달성을 위해 매진하는 타입입니까?
- 적극적인 성격입니까?
- 자신의 성격 중 고치고 싶은 부분이 있다면?
- 자신의 성격과 승무원의 덕목과의 연관성을 말해 보세요.
- 자신의 성격을 3가지 형용사로 표현해 보세요.
- 성격의 장단점을 말해 보세요.
- 자신의 성격이 마음에 듭니까?
- 좋아하는 색깔과 그 이유를 말해 보세요.
- 화려한 커피숍과 전통찻집 중 어떤 스타일을 좋아합니까?
- 정리정돈을 잘하는 편입니까?
- 당신의 근면성을 예로 들어주세요.

- 당신의 특별한 버릇이 있다면 무엇입니까?

- 사람들과 함께 있기를 좋아합니까? 혼자 있는 것이 편합니까?

- 어떤 일이 적성에 맞는다고 생각합니까?

- 어떤 타입의 사람과 일하기가 어렵습니까?

- 어떤 타입의 사람과 일하기를 좋아합니까?

- 긴장될 때 어떻게 자신을 진정시킵니까?

- 스트레스는 어떻게 해결하는 편입니까?

- 최근에 가장 스트레스받은 일에 대해 말해 주세요.

- 친구와 다투면 어떻게 푸는지 말해 주세요.

- 지금 옆사람의 성격은 어떻게 보입니까?

- 일을 시작하면 끝까지 완수합니까?

- 일이 계획대로 잘되지 않을 때, 당신은 어떻게 극복합니까?

- 가장 친한 친구에 대해 소개해 주세요.

- 가장 친한 친구가 빚보증을 원한다면 어떻게 하겠습니까?

- 당신의 친구는 당신에 대해서 뭐라고 말합니까?

- 사랑과 우정 중 어떤 것을 선택하시겠습니까?

- 외국인 친구가 있습니까?

- 진정한 친구의 의미는 무엇이라고 생각합니까?

- 최근에 친구와 심하게 다툰 일이 있습니까?

- 친구가 많습니까?

- 진정한 친구의 의미는 무엇일까요?

- 취직문제에 대해 친구들과 이야기한 적이 있습니까?

- 친구관계에서 가장 중요하다고 생각하는 것은 무엇입니까?

- 친한 친구를 만나면 주로 무엇을 합니까?

- 친한 친구와 어떤 공통점이 있습니까?

- 크리스마스 때 친구나 연인에게 카드를 몇 장 정도 보내고 받습니까?

⑤ 취미/여가활동

- 취미가 여행인데 여행지 중 가장 인상 깊었던 곳을 말해 보세요.
- 최근에 읽은 책에서 당신이 얻은 교훈은 무엇입니까?
- 지루해 하시는 승객에게 추천하고 싶은 책/영화는?
- 기억에 남는 여행이 있다면 말해 보세요.
- 어떤 음악을 좋아하세요? 즐겨 부르는 노래는?
- 여가를 어떻게 보내고 있습니까? 주말엔 주로 무엇을 하면서 보내나요?
- 자주 보는 텔레비전 프로그램은 무엇입니까?
- 좋아하는 스포츠 팀이나 선수를 말해 보세요.
- 좌절에 빠진 친구에게 추천해 주고 싶은 책과 그 이유는 무엇입니까?
- 최근에 본 영화 중 특히 감명 깊었던 것은 무엇입니까?
- 해외 중 어느 곳을 가장 먼저 가 보고 싶습니까? 그 이유는 무엇입니까?
- 독서가 취미라고 하셨는데 최근에 읽은 책에 대해 말해 주세요.
- 특기가 요리인데 어떤 요리를 가장 잘합니까?
- 술은 좋아합니까? 주량은 얼마나 되나요?
- 취미가 등산인데, 어떤 산을 주로 가나요?
- 방과 후에 주로 무엇을 합니까?
- 인터넷으로 주로 무엇을 하시나요?
- SNS는 어떤 것을 주로 사용하나요?
- SNS에는 주로 어떤 내용을 올리나요?
- 자전거 타기가 취미라면 보통 일주일에 몇 번이나 타나요?
- 취미가 맛집 탐방인데 맛집 추천 좀 해주세요.
- 좋아하는 한국 작가에 대해 말해 보세요.

⑥ 해외경험 연수/유학 경험/어학실력

- 해외여행 경험에 대해 말해 주세요.
- 추천하고 싶은 여행지를 말해 주세요.

- 유럽여행 중 어디가 가장 좋았나요?

- 여행경비는 어떻게 마련했나요?

- 중국 어학연수를 다녀왔는데, 중국인과 한국인의 차이점이 있다면 무엇인가요?

- 어학연수의 장단점을 말해 보세요.

- 항공티켓이 생겼다면 누구와 어디에 가고 싶은가요?

- 호주에서 생활하며 무엇이 가장 힘들었나요?

- 문화적 충격이 있었다면 무엇인가요?

- 미국으로 연수 갔다 오셨는데 영어실력은 많이 늘었나요?

- 해외 유학생활 동안 가장 기억에 남는 것은 무엇인가요?

- 여행하면서 힘든 건 없었나요?

- 여행하면서 무엇을 느꼈나요?

- 연수 경험을 영어로 말해 보세요.

- 호주를 다녀왔는데요, 호주 사람과 한국 사람의 차이점이 있다면 무엇인가요?

- 연수 중 가장 먹고 싶었던 음식이 무엇이었나요?

- 많은 대학생들이 연수를 가거나 인턴십을 가는데, 본인은 왜 이런 경험을 안 했나요?

- 일 년에 연수하는 데 비용이 얼마나 드나요? 그 비용은 부모님이 부담하셨나요?

- 미국으로 6개월 연수 갔다가 오셨는데 영어가 많이 늘었나요?

- 여행을 하면서 한국인이라서 자랑스러웠던 경험이 있나요?

- 꼭 연수를 가야지만 영어를 잘 할 수 있다고 생각하시나요?

- 필리핀은 연수하기 어떤가요?

- 그곳에서 어떻게 공부를 하고, 생활을 했는지 영어로 말해 보세요.

- 연수를 다녀오셨는데, 왜 이렇게 영어 면접을 못 보셨나요?

- 어학연수를 다녀온 적이 있습니까?

• 토익점수가 낮은데 비행근무를 할 수 있다고 생각합니까?

• (JPT, JLPT 자격증이 있는 경우)어떤 시험인지 설명해 보세요.

• 당신의 이력서에 중국어를 잘한다고 했는데, 어디에서 공부했습니까?

• 승무원에게 외국어가 왜 중요하다고 생각합니까?

• 어학연수를 가면 한국 사람들끼리 어울린다던데, 어떻게 공부했습니까?

• 영어방송문을 한 번 읽어 보세요.

• 영어 외에 할 수 있는 외국어가 있습니까? 자격증이 있습니까?

• 영어가 왜 세계 공통어라고 생각합니까?

• 영어로 자기소개를 해 보세요.

• 영어와 다른 외국어 중 무엇이 더 편합니까?

• 외국어가 중요한데 어떻게 준비하고 있습니까?

• 일본어 자격증을 갖고 있습니까?

• 제2외국어 수준은 어느 정도 됩니까?

• 토익점수가 낮은데 그 이유는 무엇입니까?

• 학과에 원어민 영어교수님이 있습니까?

• 회화와 작문 중 어떤 것을 잘합니까?

• 가장 자신 있는 외국어로 자신을 소개해 보세요.

• 자신의 전공어로 자기소개/입사 후 포부를 말해 보세요.

• 자신의 영어회화실력은 어느 정도입니까?

• 외국어 공부는 어떻게 하셨습니까?

• 전공이 외국어(일어/중국어/불어 등)인데 외국어는 얼마나 합니까?

• 토익 고득점 비결이 무엇입니까?

• 토익 점수가 낮은데 서비스하는 데 지장이 없을까요?

• 영어과인데 토익 점수가 왜 이렇게 낮습니까?

• 대한항공/아시아나항공에 대해 아는 대로 영어로 말해 보세요.

• 외국인에게 영어로 비빔밥을 소개해 보세요.

• 중국어/일본어는 어느 정도 합니까?

⑦ 서비스 경력, 사회 경험

- 현재 직장에서 어떤 일을 하고 있나요?
- 졸업 후 2년 동안 무엇을 하셨습니까?
- 왜 전 직장을 그만두셨나요?
- 전 직장에서 배운 것은 무엇입니까?
- 서비스 분야에서 일해 본 경험이 있나요?
- 아르바이트 경험 중 가장 기억에 남는 것은?
- 일을 하면서 가장 힘든 점이 무엇이었습니까?
- 일을 하면서 가장 힘든 고객은 어떤 분이었나요?
- 아르바이트를 하면서 가장 기억에 남는 손님은?
- 실수를 통해서 극복했던 경험을 말해 보세요.
- 아르바이트 경험이 없는데 특별한 이유가 있습니까?
- 아르바이트를 선택할 때 가장 중요하게 여기는 기준은 무엇입니까?

⑧ 학창시절/전공

- 전공을 선택한 이유가 무엇입니까?
- 학교생활 중 가장 인상에 남는 것이 있다면 무엇입니까?
- 자신에게 가장 영향을 끼친 교수님이나, 가장 인상에 남는 사람이 있습니까?
- 학창시절 공부 외에 열중한 일은 무엇입니까?
- 학창시절 가장 기억에 남는 것이 있다면 무엇입니까?
- 학교에서 어느 동아리에서 활동하였으며 그 동아리를 통해 배운 점은 무엇입니까?
- 대학생활 동안 당신이 얻은 것은 무엇입니까?
- 대학시절 가장 도움이 됐던 과목은 무엇입니까?
- 좋아하는 과목과 싫어하는 과목은 무엇입니까?
- 학교성적이 낮은 이유가 무엇입니까?

- ○○학과에서는 어떤 지식을 배웠습니까?
- 학교에서 클럽활동을 합니까? 무슨 활동이며, 어떤 도움이 됩니까?
- 학교 다니면서 동아리 활동을 하지 않으셨나요?
- 봉사활동의 경험과 느낌을 말해 보세요.
- 동아리나 서클활동을 하면서 대표를 맡아 본 경험이 있나요?
- 지금 학교를 선택하게 된 특별한 이유가 있나요?
- 본인 학교 자랑을 한 번 해보세요.
- 학교 소개를 영어로 해보세요.
- 초, 중, 고, 대학시절 통 틀어서 자신이 리더였던 경험이 있나요?
- 학교 주변 좋은 장소를 추천해 보세요.
- 대학생활 중 자신이 중점적으로 활동했던 부분은?
- 대학교 때 자격증 딴 게 있습니까?
- 다시 대학으로 돌아간다면, 어떤 것을 가장 해보고 싶으세요?
- 대학 중에 좋았던 점과 아쉬웠던 점은?
- 학교생활 중의 가장 아쉬웠던 점과 좋았던 점에 대해서 말씀해 보세요.
- 대학 4년 동안 가장 보람 있었던 일을 말해 보세요.
- 학과에서 배운 것 중 가장 인상 깊었던 것은?
- 여대를 나오셨는데 여대의 장점에 대해서 말해 보세요.
- 학창시절 기억에 남는 활동을 말해 보세요.
- 학교생활 중에 단체생활했던 것에 대해서 말해 보세요.
- 대학생활이 기업 내에서 어떠한 영향을 끼칠 거 같습니까?
- 요즘은 연수 혹은 교환학생으로 많이 가는데 왜 학창시절에 가지 않았나요?
- 1년 휴학하셨는데 그 기간에 무엇을 하였나요?
- 전공에 대해서 설명해 보세요.
- 자신의 전공에 대해 자랑해 보세요.
- 본인 전공 소개를 영어로 해보세요.
- 전공 선택에 후회는 하지 않으시나요?

- 고등학교로 다시 돌아간다면 어떤 전공을 선택하고 싶은가요?
- 어렸을 때부터 승무원이 꿈이었는데, 왜 항공 관련한 전공을 선택하지 않았나요?
- 보통 자신의 전공 후 진로를 어디로 정하나요?
- 진로를 결정하는 데 가장 도움을 준 사람은 누구였나요?
- 전공 공부 중 힘들었던 적은 없으셨나요?
- 학점이 왜 이렇게 좋지 않은가요? 공부를 열심히 하지 않았나요?
- 어떤 수업을 주로 들으셨나요?
- 졸업반인데 같은 과 학생들은 주로 어디로 취업하길 선호하나요?
- 3학년인 지금 지원하였는데 4학년 때 지원하지 않고 일찍 지원한 이유가 있나요?
- 학과생활 중 힘들었던 과목에 대해서 말해 보세요.
- 전공과 관련해서, 이 분야에서 어떻게 본인의 전공이 활용될 거 같은가요?
- 전공이 OO인데요, 승무원과 관련이 없는 거 같은데 왜 승무원을 지원하였나요? 전공을 살려 나가는 것이 더 현명하지 않을까요?
- 일어를 굉장히 잘하시는데요, 일어 시험성적은 어떻게 되나요?
- 대학생활 중 기억에 남는 교양 수업은 무엇인가요?
- 전공 언어로 오늘의 날씨에 대해서 말해 보세요.

⑨ **가치관/사고력/판단력에 관한 질문**

- 당신의 생활신조는 무엇입니까?
- 가장 바람직한 인간상에 대해 말해 보세요.
- 가장 존경하는 인물이 있다면 누구이며, 그 이유는 무엇입니까?
- 길에서 천만원을 주우신다면 어떻게 하겠습니까?
- 당신이 생각하는 성공의 기준은 무엇입니까?
- 대인관계에서 중요한 것은 무엇이라고 생각합니까?
- 돈, 명예, 일 중 어떤 것을 선택하겠습니까?
- 리더십을 가지려면 어떤 것이 필요하다고 생각합니까?

- 사회봉사활동 경험이 있으십니까? 있다면 무슨 활동을 하였습니까?
- 운으로 되는 일이 많다고 생각하십니까? 실력으로 되는 일이 많다고 생각합니까?
- 인생에서 가장 중요한 것은 무엇일까요?
- 인생의 가치에 대해 말해 보세요.
- 인생의 목표는 무엇입니까?
- 자신의 인생지표가 되는 사람이 있다면 누구입니까?
- 장기 기증에 대해 어떻게 생각하십니까?
- 행복이 무엇이라고 생각하십니까?
- 좌우명, 인생관이 있다면 말해 주세요.
- 인생의 비전이 있습니까?
- 로또 1등에 당첨된다면 무엇을 하겠습니까?
- 결혼 후 직장생활을 계속하겠습니까?
- 결혼은 언제 할 생각입니까?
- 배우자 선택에 있어서 가장 중요한 것이 무엇입니까?
- 어떤 상대와 결혼하고 싶습니까?
- 직업선택에 있어 연봉이 중요하다고 생각합니까?
- 일에 있어서 과정과 결과 중 무엇이 더 중요하다고 생각합니까?
- 이상형은 어떤 사람입니까?

⑩ 서비스마인드

- 본인이 생각하는 진정한 서비스에 대해서 말해 보세요.
- '고객은 왕이다.'라는 말에 동의합니까?
- 감성노동에 대해 알고 있습니까?
- ○○항공 이용 시 승객으로서 불편했던 점에 대해 말해 보세요.
- 본인이 할 수 있는 기내 이벤트에 대해서 말해 보세요.
- 다른 항공사를 이용해 본 경험 중에 자신이 받은 최고의 서비스는 무엇입니까?

- 지금까지 서비스받았던 경험 중 가장 좋았던 것을 말해 보세요.
- 고객만족이란 무엇이라고 생각합니까?
- 서비스 정신이란 무엇이라고 생각합니까?
- 항공사의 최고의 서비스란 무엇이라 생각합니까?
- 고객이 욕설을 한다면 어떻게 하겠습니까?
- 고객이 부당한 일로 항의를 하신다면 어떻게 대처하겠습니까?
- 고객이 어려운 부탁을 한다면 어떻게 하겠습니까?
- 누가 당신에게 월급을 준다고 생각합니까?
- 고객을 설득할 수 있는 지원자만의 방법이 있습니까?
- 미소란 무엇일까요?
- 불쾌한 서비스를 받았다면 어떻게 대처하겠습니까?
- '진정한 서비스'란 어떤 것일까요?
- 서비스에서 중요하다고 생각하는 것은 무엇인가요?
- 승객에게 좋은 서비스를 할 수 있는 자신만의 노하우를 말해 보세요.
- 어떤 고객이 응대하기 힘든 고객인지 말해 보세요.
- 까다로운 고객은 어떻게 만족시키시겠습니까?
- 지금까지 받았던 서비스 중에서 가장 기분 나빴던 서비스는 언제였는지 말해 보세요.
- 고객에게 실수를 하거나 컴플레인을 받아 본 경험이 있습니까? 어떻게 대처했나요?
- 어떤 고객이 가장 대응하기 힘들다고 생각합니까?
- 호텔서비스와 기내서비스의 차이가 무엇이라고 생각합니까?
- 지원자 역시 20대인데, 20대 승객을 만족시키기 위해서는 어떻게 해야 한다고 생각합니까?
- 언어 소통이 전혀 안 되는 외국인 승객을 만난다면, 어떻게 서비스할 것입니까?

⑪ **직장생활/직업관**

- 바람직한 직장인의 모습을 말해 보세요.
- 본인이 생각하는 직업관에 대해서 말해 보세요.
- 학생과 직장인의 차이가 무엇인지 말해 보세요.
- 조직사회에서 가장 중요한 점은 무엇이라고 생각합니까?
- 갑작스런 일이 주어졌는데 사전에 다른 약속이 있다면 어떻게 하겠습니까?
- 기업 입장에서 어떤 정신자세를 요구한다고 생각합니까?
- 기업의 이익과 고객의 이익에서 모순이 생긴다면 어떻게 하겠습니까?
- 당신보다 나이 어린 사람이 선배 행세를 한다면 어떻게 하겠습니까?
- 당신의 일하는 목적은 무엇입니까?
- 동료나 상사가 커피 심부름을 시킨다면 어떻게 하겠습니까?
- 바람직한 직장인의 상을 말해 보세요.
- 바빠 출근하다 운동화를 신고 있는 것을 발견했다면 어떻게 하겠습니까?
- 부서업무가 바빠서 휴가를 허락할 수 없다는 상사의 지시가 있다면 어떻게 하겠습니까?
- 사는 보람과 직업과의 관계를 이야기해 보세요.
- 상사가 내일까지 하라고 시킨 일이 절대 내일까지 못 끝낼 일이라면 어떻게 하겠습니까?
- 상사가 부당한 일을 시킵니다. 어떻게 하겠습니까?
- 상사와 의견이 다를 때 어떻게 하겠습니까?
- 선배가 규정에 어긋나는 부정한 일을 시킨다면 어떻게 하겠습니까?
- 선약이 되어 있는 주말에 회사일이 생겼습니다. 어떻게 하겠습니까?
- 신입사원으로서 주의해야 할 것은 어떤 것이라고 생각합니까?
- 입문단계의 사원으로서 일은 매일 똑같습니다. 어떻게 생각합니까?
- 입사 후 다른 사람에게 절대로 뒤지지 않을 만한 것이 있습니까?
- 입사동기가 당신보다 먼저 승진했다면 어떻게 하겠습니까?

- 자신에게 있어서 직장의 의미를 말해 보세요.
- 조직사회에서 당신이 열심히 일했는데도 불만을 들으면 어떻게 할 것입니까?
- 직무상의 적성과 보수의 많음 중 어느 것을 택하겠습니까?
- 직장상사와 업무상 심한 의견충돌이 있다면 상사와의 불화를 어떻게 처리할 생각입니까?
- 직장은 당신에게 어떤 의미를 준다고 생각합니까?
- 취직이란 당신에게 어떤 의미가 있습니까?
- 퇴근시간이 훨씬 지났는데도 상사가 계속 일을 시킨다면 어떻게 하겠습니까?
- 하기 싫은 일이 주어진다면 어떻게 하겠습니까?
- 학생과 직장인의 마음가짐은 어떻게 다른지 설명해 보세요.
- 협조를 하지 않고 자기 멋대로만 하는 동료가 있다면 어떻게 하겠습니까?
- 회사업무와 개인업무 중 어느 것이 더 중요하다고 생각합니까?
- 회사에서 만약 동료나 상사의 부정을 알게 된다면 어떻게 하겠습니까?
- 회사원으로서 어떠한 마음가짐을 갖고 있습니까?
- '팀워크'는 무엇이라고 생각합니까?
- 기업조직의 일체감을 위해 가장 중요하다고 생각되는 것은 무엇입니까?
- 리더가 된다면 어떠한 리더가 되겠습니까?
- 사람들과 협조하기 위해서는 무엇이 가장 중요합니까?
- 상사가 업무와 무관한 일을 시킨다면 어떻게 할 생각입니까?
- 승무원이 된다면 어떻게 승무원 간에 협조를 하겠습니까?
- 어떠한 관리 스타일이 효과적이라고 생각합니까?
- 어떤 문제에 당면했을 때, 혼자 해결하는 것과 여러 명이 함께 해결하는 것 중 어떤 것이 더 나은 방법입니까?
- 팀원들과 마음이 맞지 않는다면 어떻게 대처하시겠습니까?
- 회사의 일원으로서 어떻게 하면 협동심이 원활해진다고 생각하십니까?
- 전 경력의 근무내용과 주요 직무에 대해 말해 보세요.
- 과거 경력의 가장 좋았던 점과 애로사항은 무엇이었나요?
- 그만 둔 이유는 무엇입니까?

- 과거 직장의 경력이 승무원 직무에 어떤 도움이 될 것이라고 생각합니까?
- 전 직장에서 가장 어려웠던 점은 무엇이었습니까?
- 이력서를 보니 이직이 잦은데, 특별한 이유가 있습니까?
- 바람직한 기업의 조건은 무엇이라고 생각합니까?
- 전 직장에 근무하면서 무엇을 배웠습니까?

⑫ **항공사 관련**

- 'OO항공' 하면 무엇이 생각납니까? 우리 회사 하면 제일 먼저 떠오르는 것은 무엇입니까?
- 우리 회사의 서비스 상품 중 알고 있는 것은 무엇입니까?
- 우리 회사에 어떻게 공헌할 수 있습니까?
- 우리 회사의 서비스를 이용해 보신 적 있습니까? 그 서비스를 평가한다면 무엇입니까?
- 우리 회사의 어떤 점에 가장 관심이 있습니까?
- 우리 항공사 인터넷 홈페이지를 알고 있습니까? 장단점은 무엇입니까?
- 우리 항공사의 이미지가 어떻습니까?
- 우리 회사 광고 중에 가장 인상 깊었던 것을 말해 보세요.
- 우리 회사 사장님 함자를 알고 있습니까?
- 우리 회사 승무원이 갖춰야 할 자질 3가지를 말해 보세요.
- 우리 회사 외에 다른 회사에 지망한 적이 있습니까?
- 우리 회사 취항국가 현황에 대해 말해 보세요.
- 우리 회사가 민영화한 해를 알고 있습니까?
- 우리 회사가 보유하고 있는 비행기 수는 총 몇 대인지 알고 있습니까?
- 우리 회사가 세계 항공사와 대비한 외형적 규모를 말해 보세요. ^(여객/화물)
- 우리 회사가 전 세계적으로 취항하고 있는 나라 수와 도시 수를 말해 보세요.
- 우리 회사가 최근 들여온^(들여올 예정인) 최신 비행기 이름을 말해 보세요.
- 우리 회사가 타 항공사에 비해 강점은 무엇이라고 생각합니까?
- 우리 회사가 현재 보유하고 있는 항공기 유형^(type)은 무엇인지 알고 있습니까?

- 우리 회사를 한 단어로 표현해 보세요.
- 우리 회사에 근무하는 사람이 몇 명이나 되는 줄 알고 있습니까?
- 우리 회사에 대한 부정적 평가에 대해 들어본 적이 있습니까? 있다면 무엇입니까?
- 우리 회사에 대해 아는 것이 있다면 무엇이 있습니까?
- 우리 회사에 들어오기 위해 본인이 특별히 노력한 것이 있습니까?
- 우리 회사에 들어오면 무엇을 얻을 수 있다고 생각합니까?
- 주위에 우리 회사에 아는 사람은 있습니까? 우리 회사에 대해 이야기들은 적이 있습니까?
- 우리 회사에 지망하겠다고 마음먹은 것은 언제부터이며, 어떤 이유입니까?
- 우리 회사에서 어느 정도의 직책까지 오르고 싶습니까?
- 우리 회사와 자신의 이미지가 어느 면에서 잘 맞는다고 생각합니까?
- 우리 회사와 타 항공사를 비교해 보았을 때 어떻게 개선해야 한다고 생각합니까?
- 우리 회사의 기업문화에 대해 말해 보세요. 우리 회사의 MOTO를 알고 있습니까?
- 우리 회사의 기존 이미지와 새로운 이미지의 차이점을 말해 보세요.
- 우리 회사의 단점을 이야기해 보세요.
- 우리 회사의 사훈은 무엇인지 알고 계십니까?
- 우리 회사 기내서비스의 장단점은 무엇입니까?
- 우리 회사의 앞으로의 전망을 말해 보세요.
- 우리 회사의 최근 유니폼, 기내 인테리어, 서비스 변화에 대한 당신의 생각은 어떻습니까?
- 집에서 회사까지 얼마나 걸립니까?
- 최근 바뀐 우리 회사의 광고 중 가장 인상 깊었던 것은 무엇입니까?
- 최근 본 우리 회사에 대한 뉴스를 말해 보세요.
- 우리 회사의 취항 노선이 몇 개인지 알고 있습니까?
- 타 항공사 광고와 우리 회사 광고의 차이점을 설명해 보세요.
- 회사에 대한 관심과 열정을 표현해 보세요.

⑬ 시사/사회이슈

- 비행기가 나는 원리에 대하여 설명해 보세요.

- 비행기로 미국에 갈 때와 올 때 비행시간이 다른 이유를 설명해 보세요.

- 여권과 비자의 차이점을 알고 있습니까?

- 영국과 한국의 시차를 말해 보세요.

- 저가 항공사에 대한 견해를 말해 보세요.

- 유가가 항공사에 미치는 영향을 설명해 보세요.

- 고유가 시대에 항공사가 나아가야 할 방향은 무엇이라고 생각합니까?

- 환율의 변동이 항공업계에 미치는 영향에 대해 말해 보세요.

- 특별 기내식이 무엇입니까?

- VIP란 무엇입니까?

- 스카이팀(스타얼라이언스)이란 무엇입니까?

- GNP에 대해 설명해 보세요.

- FTA는 무슨 뜻입니까?

- 브렉시트가 우리나라에 비치는 영향에 대해 알고 있습니까?

- 사회노령화 문제에 대해 어떻게 생각합니까?

- 한국의 자살률에 대해 어떻게 생각합니까?

- 이혼율 증가에 대해 어떻게 생각합니까?

- 청년실업에 대한 자신의 의견을 말해 보세요.

- 오늘 조간신문의 헤드라인은 무엇이었습니까?

- 어제 본 뉴스 중 기억에 남는 것은 무엇입니까?

- 최근 본 기사 중 흥미를 가졌던 것은 무엇입니까?

- 최근 핫이슈를 말해 보세요.

- 한류 열풍에 대해 어떻게 생각합니까?

- 외모지상주의에 대한 생각을 말해 보세요.

- 게임 중독/인터넷 중독에 대한 생각을 말해 보세요.

⑭ 긴장을 푸는 가벼운 질문

- 시험장까지 어떻게 왔습니까?
- 시험장까지 누구와 함께 왔습니까?
- 많이 떨리십니까?
- 지금 가장 생각나는 사람은 누구입니까?
- 지금 기분이 어떻습니까?
- 오늘 무슨 각오로 왔습니까?
- 옷은 어디서 구매하였습니까?
- 머리와 메이크업은 직접 하였습니까?
- 어제 무슨 꿈을 꾸었습니까?
- 아침에 무엇을 먹었습니까?
- 아침에 나올 때 부모님이 무슨 말씀을 해주셨습니까?
- 면접이 끝나면 누구에게 가장 먼저 전화를 하시겠습니까?
- 면접이 끝나면 무엇을 할 예정입니까?
- 이름이 특이한데 이름에 관한 에피소드는 없습니까?
- 어디 "O"^(성)씨인가요?
- 몇분 전에 도착하였습니까?
- 면접은 몇 번째입니까?
- 어젯밤에 무엇을 하였습니까?
- 시험장까지 오면서 무엇을 했습니까?
- 함께 면접 보는 친구 중에 누가 될 것 같습니까?
- 지금 가장 먹고 싶은 음식은 무엇입니까?
- 면접이 오후인데, 오전에는 무엇을 했습니까?

⑮ 그 외의 질문

- 명품을 산다면 어떤 브랜드를 구입하고 싶습니까?
- 옆 지원자를 칭찬해 보세요.

- 외국인에게 추천하고 싶은 우리나라 관광지는 어디입니까?
- 신체부위 중 가장 자신 있는 곳은 어디입니까?
- TV프로그램 중 즐겨보는 것이 있습니까?
- 자신과 가장 닮은 꼴 연예인은 누구라고 생각하십니까?
- 내일 지구가 멸망한다면 오늘 무엇을 하겠습니까?
- 당신이 면접관이라면 어떤 질문을 하시겠습니까?
- 항공요금 인상에 대해 승객들을 어떻게 설득시키시겠습니까?
- 비행기에 폭탄이 실린다면 어떻게 하겠습니까?
- 술을 잘 못마시는데, 선배와의 모임에서 술을 강요당한다면 어떻게 하겠습니까?
- 승무원 합격과 로또 당첨 중 하나를 선택하라면 무엇을 선택하겠습니까?
- 승무원이 개인적인 사정으로 비행시간을 지키지 못했습니다. 처벌을 해야 한다면 어떠한 방법으로 해야 합니까?
- 업무 미숙으로 선배들에게 혼났을 때 어떻게 하겠습니까?
- 외국에서 지갑을 잃어버리면 어떻게 하겠습니까?
- 울고 있는 아이를 웃게 할 수 있는 방법은 무엇입니까?
- 인류 최후의 생존자 10명 중 7명을 고르라면 누구를 고르겠습니까?
- 자신도 잘 모르는 것을 손님이 물어보신다면 어떻게 하겠습니까?
- 지금 당장 자신이 이 회사의 경영주가 된다면 어떤 일을 하겠습니까?
- 지하철에서 낯선 남자가 차 한 잔을 마시러 가자고 한다면 어떻게 하겠습니까?
- 학교에서 체벌이 필요합니까?
- 기내에서 외국인 승객이 데이트 신청을 한다면 어떻게 하시겠습니까?

2) 항공사별 기출문제

① 대한항공 기출문제

- 명품이란 무엇이라고 생각하는가?

- 입사 후의 포부와 어떻게 승무원 생활을 할 것인지에 대한 다짐을 말해 보시오.
- 대한항공에서 자신을 왜 뽑아야 하는가?
- 좋은 승무원은 어떤 조건을 가져야 한다고 생각하는가?
- 대한항공 최근 소식을 접하신 것이 있다면 말해 보시오.
- 지금까지 승무원이 되기 위해서 준비해 온 것은 무엇이 있나?
- 자기PR/자기소개를 하는 데 과일/색깔/동물/사물 중 하나에 비유해서 말해 보시오.
- 대한항공의 이미지에 대한 자신의 생각을 말해 보시오.
- 각자 생각하신 예상 질문이 있을 겁니다. 옆 사람에게 질문해 보시오.
- 10년 후 자기 모습에 대해서 말해 보시오.
- 명품항공사로 거듭나기 위해 대한항공에서 필요한 부분이 무엇이라고 생각하나?
- 자신의 장단점에 대하여 말해 보시오.
- 최근의 이슈 중 대한항공에 관한 것은 무엇인가?
- 대한항공에서 고쳐야 할 부분이 있다면 무엇인가?
- 학생과 직장인의 차이점은 무엇인가?
- 대한항공이 취항하지 않은 곳은 어디인지 알고 있나?
- 지금까지 살면서 가장 행복했던 순간은 언제인가?
- 어떤 직장이 좋은 직장인가?
- 내가 가장 아름다워 보였던 순간과 가장 못나 보였던 순간은 언제인가?
- 평소 체력관리는 어떤 방법으로 하는가? / 취미는 무엇인가?
- 스스로 칭찬받아 마땅한 일이 있다면 말해 보시오.
- 대한항공 유니폼에 대해 어떻게 생각하나?
- 졸업 후 공백 기간 동안 무슨 일을 했나?
- 면접장소까지 온 과정을 간단히 설명해 보시오.
- 대한항공 비전이 무엇인지 알고 있나?
- 승객의 옷에 음료를 쏟았다면 어떻게 대처하겠는가?

• 승무원 이외에 어떤 직업을 갖고 싶은가?

• 대한항공 하면 생각나는 것은 무엇인가?

• 자신의 전공이 스튜어디스와 어떤 연관이 있나?(전공과 관련된 꼬리 질문도 준비해야 함)

• 지금까지 살면서 최고의 순간이라고 생각했던 적은 언제인가?

• (졸업 후 시간이 좀 지나신 분들의 경우) 졸업 후 무슨 일을 했나?

• 영어로 입사 후 포부에 대해서 말해 보시오.

• 승무원은 OOO이다. 한마디로 말해 보시오.

• 준비한 질문 중에 자신이 가장 자신 있게 답하실 수 있는 질문은 무엇인가?(답변도 함께)

• 다른 지원자들과 달리 자신만의 경쟁력이라고 생각하시는 부분은 무엇인가?

• 자신의 생활신조가 무엇인지 말해 보시오.

• 자신의 전공과목에 대해서 설명해 보시오.

• 승무원 생활을 하시면서 어려운 점도 있을 텐데 어떤 점이 어려울 것 같은가?

• 자신이 아름다운 이유 5가지를 말해 보시오.

• 어떤 여성이 성공할 수 있다고 생각하나?

• 손님은 왕이라는 말이 있다. 그에 대한 자신의 의견을 말해 보시오.

• 명품이란?/명품 승무원이란 무엇인가?

• 아침에 일어나서 면접장에 오기까지의 일을 간단하게 말해 보시오.

② 아시아나항공 기출문제

• 자신이 승무원으로서의 자질이 되는지 이야기해 보시오.

• 떨어진 경험이 있다면 자신이 왜 떨어졌다고 생각하며 왜 다시 지원했나?

• 어떤 점이 나아졌다고 생각하나?

• 식품 영양 전공한 학생들이 우리 회사를 많이 지원하는 데, 그 이유가 뭐라고 생각하나?

• 영양사도 일이 힘들다는데 왜 승무원이 하고 싶은가?

- 승무원 연봉이 얼마인지 아는가? 일하는 것에 비해서는 작은데 어떻게 생각하나?
- 지원동기에 대해 말해 보시오.
- 아시아나항공 최근 소식에 대해 말해 보시오.
- 자신의 대학 전공과 승무원과의 관련성에 대해 말해 보시오.
- 같은 전공의 친구들은 어떤 직업으로 나가는지에 대해 말해 보시오.
- 자신의 성격의 단점에 대해 말해 보시오.
- 승무원이 되기 위해 어떤 준비를 했나?
- 자신의 아르바이트 경험에 대해 말해 보시오.
- 자기PR과 승무원이 되어 어떤 승객을 먼저 만나보고 싶은지에 대해 말해 보시오.
- 토익점수가 좀 낮은데 어떻게 생각하나?
- 기내에서 아이가 울면 어떻게 할 것인가?
- 좋아하는 운동 등에 대해 말해 보시오.
- 관광학과인데 제주지역을 발전시키기 위해 어떠한 노력을 해야 하나?
- 자신의 고향에 대해 자랑해 보시오.
- 취미가 인라인인데 얼마나 자주 타나?
- 성형수술에 대해 어떤 의견을 가지고 있나?
- 본인은 성형하고 싶은 부위가 있나?
- 성형수술로 인생을 망친 사람도 있는데 그래도 긍정적인가?
- 영어 공부는 어떻게 하고 있나?
- 자신의 내적 아름다움을 만들기 위해 어떤 노력을 했나?
- 아시아나항공에 대해서 아는 대로 말해 보시오.
- 객실승무원은 어떤 서비스를 해야 하나?
- 성악전공인데 어떤 음악을 좋아하나?
- 오래 성악을 했는데 왜 그만두고 승무원에 지원하였나?
- 본인의 성격이 어떻다고 생각하나?
- 본인이 입사하게 되면 친구들이 선배가 될텐데 어떻게 할 것인가?
- 마지막으로 하고 싶은 말이 있다면 해 보시오.

③ 진에어 기출문제

- 진에어에 대한 이미지는?
- 자기소개 및 PR
- 아르바이트 및 경력에 대한 구체적인 질문
- 현재 직업 혹은 하는 일
- 진에어 유니폼에 대한 견해
- 본인의 청바지가 본인에게 잘 어울리는가? 어울린다면 몇 점 정도?
- 진에어 취항 기념 이벤트에 대하여?
- 진에어의 광고에 대한 견해
- 옆 사람의 청바지와 흰 티에 대한 평가
- 진에어 승무원이 된다면 어떤 승무원이 되고 싶나?
- 오늘 본인의 아침식사 메뉴를 소개해 보시오.
- 지금까지 살아오면서 남에게 도움을 준 경험 소개
- 취미 및 특기 및 신조
- 준비해 온 것이 많을텐데 한 가지만 이 자리에서 보여줄 수 있는가?
- 본인의 전공에 대해서
- 저가항공사와 메이저급 항공사의 차이점은?
- 저가항공사가 가장 신경 써야 할 부분은?
- 왜 진에어가 당신을 뽑아야 하는가?
- 당신은 진에어 승무원이 되기 위하여 얼마만큼 노력을 하였는가?
- 승무원 학원은 다녔었나?
- 승무원 학원을 다니지 않았다면 스터디와 어학공부 외 무엇을 하였는가?
- 스터디로 승무원 준비를 하였다면 서비스에 대한 준비는 어떻게 하였는가?
- 진에어의 경쟁사를 제시하고 그 이유를 설명하시오.
- 고객이 화가 나서 본인이 잘 설명을 해주려고 했지만 말할 기회조차 주지 않는다. 그렇다면 어떻게 대처할 것인가?
- 진에어에서 선착순 비행기 탑승을 하는 방법에 대해 어떻게 생각하나?
- 바쁜 한 고객이 공항에 도착했는데 이미 자리가 다 찼다면 어떻게 할 것인가?

- 진에어 홈페이지에 들어가 봤나, 주소는?
- 진에어 승무원이 하는 일을 말해 보라.
- 개인적인 질문(전공. 체력관리방법, 영어공부방법, 어학연수 경험)+진에어에 대해 공부 많이 했나, 했으면 아는 대로 이야기해 보라.
- 진에어 슬로건이 무엇인가?
- 진에어의 이미지는 어떤가?
- 나이가 어린데 다른 곳에서 스카우트 제의가 들어온다면?
- CJ에 대해 구체적으로 아는 것을 이야기하라.
- 본인이 승무원과 잘 맞는다고 생각하는가?
- 홈페이지에서 제공되는 서비스는 무엇이 있는가?
- 언어가 전혀 통하지 않는 승객분이 타셨다면 어떻게 서비스할 것인가?
- 진에어가 꼭 취항했으면 하는 나라가 있는가?
- 홈페이지에서 이벤트 3가지를 진행하고 있는데 말해 보라.
- 승무원이 되면 운동화를 신는 거에 대해서 어떻게 생각하는가?
- 진에어 승무원이 되어 손님을 대할 때 어떤 인사말이 어울릴 것 같은가?
- 진에어를 한 단어로 표현하자면 어떤 단어가 어울리는가?
- 내가 다른 지원자들보다 나은 점은 무엇인가?
- 진에어가 다른 항공사와 다르게 어필할 수 있는 점은 무엇인가?
- 어떤 승무원이 되고 싶은가?
- 아침을 먹고 왔을 텐데 아침 메뉴로 진에어 승객들에게 어떻게 전해드릴 수 있는지 표현해 보라.
- 진에어의 '지니'에 대해서 아는 것이 있으면 손들고 대답하라.
- 옆 사람의 청바지 입은 모습이 어떤지 평가해 보라.
- 지금까지 살면서 남한테 도움 준 경험
- 생활신조는 무엇인가?

④ 제주항공 기출문제

- 이력서에 적힌 경력이나 전공 등에 대한 질문

- 봉사, 자격증, 경력 위주로 질문
- 자기소개
- 지금까지 면접 본 경험에 대해서 말해 보라.
- 학교가 먼데 통학했는가?
- 혼자 해외여행한 경험이 있던데 어떻게 혼자하게 되었나?
- 미국 동부와 서부 어떻게 여행했나?
- 교내 아나운서 경험이 있는 분 → 멘트해 보라.
- 봉사경험 중 가장 슬펐던 경험을 말해 보라.
- 저가항공사인 제주항공에 제안할 아이디어를 말해 보라.
- 급하게 비행가야 하는 데 임산부가 골목길에 쓰러져 있다면?
- 자신의 어떤 점이 승무원에게 잘 맞는지?
- 제주항공의 장점과 단점
- 제주항공과 타 항공사의 차이점에 대해서
- 경력에 대해서 그리고 회사관련 자격증에 대해서
- 여성의 흡연에 대해 어떻게 생각하는가?
- 월급이 많지 않아도 다니겠는가?
- 스트레스를 어떻게 푸는가?
- 지원동기는 무엇인가?
- (경력사항 보고)○○회사 어느 부서에서 일을 했는가?
- 승무원의 장점과 단점에 대해서 이야기해 보라.
- 머리를 길러본 적 있는가?

⑤ 이스타항공 기출문제

- 자신의 별명이 무엇인가?
- 이스타항공을 알게 된 계기는?
- 승무원으로서 필요한 자질은 무엇인가?
- 자신만의 스트레스 해소법이 있는가?

- 어젯밤 꿈은 무슨 꿈을 꾸었는가?

- 자기소개

- 이력서 이외에 하고 싶은 말

- 자신만의 특별한 전략이 있는가?

- 입사 후 포부를 이야기해 보라.

- 졸업하고 무엇을 하였나?

- 승무원에게 가장 큰 임무는 무엇이라 생각하는가?

- 자기를 PR해 보라.

- 객실서비스는 무엇이라 생각하는가?

- 이스타항공을 지원한 이유는?

- 이스타항공에 대해 알고 있는 것을 말해 보라.

- 이스타의 취항지를 알고 있는가?

- 이스타의 유니폼에 대한 생각은?

- 이스타항공의 개선점을 제안한다면?

- 전 직장은 왜 그만뒀는가?

- 자신의 전공에 대해 설명해 보라.

- 대한항공, 아시아나항공에 지원한 적이 있는가?

- 화나신 승객을 어떻게 응대할 것인가?

⑥ 티웨이항공 기출문제

- 다른 항공사 면접 경험이 있나?

- 자신 있는 외국어로 자기소개를 해 보라.

- 원하는 급여는 얼마인가?

- 남자친구가 승무원을 반대하다면?

- 티웨이항공의 장점은 무엇이라고 생각하는가?

- 현재 티웨이항공이 우선적으로 해야 할 것이 있다면 무엇인가?

- 얼마나 근무하고 싶은가?

- 좌우명이 있는가?
- 티웨이항공이 새로운 곳으로 취항한다면 어디가 좋은가?
- 티웨이항공에 대해 아는 대로 말해 보라.
- 티웨이항공 명칭의 뜻을 알고 있는가?
- 승무원이 되기 위해 어떤 노력을 했나?
- 특별히 티웨이항공사에 오고 싶은 이유는?
- 항공과인데 가장 기억에 남는 과목은?
- 객실서비스는 무엇이라고 생각하나?
- 티웨이항공의 비전을 알고 있는가?
- 다른 대형 항공사를 가지 않고 왜 작은 티웨이항공사에 왔는가?
- 대학 졸업 후 무엇을 하였는가?
- 왜 하던 일을 그만두고 승무원을 하려 하나?
- 전현차에 가입되어 있다면 후기는 어떻게 쓸 예정인가?
- 마지막으로 티웨이항공사에 궁금한 점이 있는가?

⑦ 에어부산 기출문제

- 영어 기내방송문을 읽어 보라.
- 졸업하고 1년 동안 무엇을 했나?
- 나쁜 버릇이 있다면 무엇인가?
- 본인이 승무원에 어울린다고 생각하는가?
- 에어부산 외에 다른 항공사에 지원해 본 경험이 있는가?
- 에어부산에 대해 아는 대로 말해 보라.
- 에어부산만의 특별한 점이 있다면?
- 취항지를 말해 보라.
- 경험 중 가장 후회스러운 일은?
- 다른 곳에서 스카우트 제의가 들어온다면?
- 즐겨보는 TV 프로가 있는가?
- 서비스에서 가장 중요한 점은 무엇이라고 생각하는가?

- 에어부산 타본 적 있나?
- 베이스가 부산인데 괜찮은가?
- 살면서 가장 자랑스러운 경험은?
- 면접관에게 받고 싶은 질문이 있다면?

항공 객실승무원 기내
상황별 대처 요령

Chapter

07

항공 객실승무원 기내
상황별 대처 요령

승객들은 항공사 서비스, 특별히 기내서비스에 대해 높은 기대를 하고 탑승한다. 항공사는 객실승무원의 친절한 이미지를 마케팅 요소로 활용하고 있으며, 항공사들 간 높은 서비스 경쟁으로 객실서비스에 대한 승객들의 기대치는 더욱 커지고 있다. 승객 불만은 항공사에 대한 승객의 기대치에 항공사의 서비스가 미치지 못할 때 발생한다. 승객 불만 발생원인은 회사 문제, 승객자신 문제, 직원의 문제로 나눠 볼 수 있다. 이 중 승객 불만이 발생하는 가장 큰 원인은 직원들이 승객응대 과정에서 비롯되는 것으로 조사되었다. 따라서 항공사 직원 중 가장 많은 시간을 승객과 대면하는 객실승무원의 역할은 매우 중요하다. 승객의 불만을 해결하기 위한 가장 핵심은 객실승무원의 태도이다. 작은 불만도 응대 태도에 따라 큰 문제가 될 수 있으며, 반대로 큰 불만도 객실승무원의 친절하고 성의 있는 태도로 쉽게 해결될 수 있기 때문이다.

항공사에서는 객실승무원 선발 시 지원자가 이러한 역할을 훌륭하게 수행할 수 있는지를 판단하고자 한다. 기내에서 발생할 수 있는 여러 가지 상황의 질문들을 통해 지원자들의 서비스 마인드와 기내 상황대처능력을 평가한다. 지원자는 객실서비스 경험자가 아니므로 정답을 말하려고 하기보다, 말할 때의 태도, 말씨, 표정에 중점을 두어 상식적인 선에서 객실승무원답게 친절하고 성의 있게 답변해야 한다.

1 승객 불만 대처 5단계

1) 불평에 대한 사과

① 승객의 입장에서 승무원에게 불평하는 것은 당연하다.
② 일단 불편사항에 대해 사과를 하여 승객의 화를 가라앉힌다.

(단, 무조건 잘못을 인정하는 것은 아니다.)

2) 경청 · 공감하기

① 승객의 욕구를 파악하기 위한 진지한 경청은 승객의 불만을 감소시킨다.
② 이때 마음을 표현해 줘야 한다. "그런 일이 있으셨군요. 많이 속상하셨겠습니다."

3) 진상조사와 원인분석

궁금한 사항에 대한 질문을 통해 승객의 불만원인을 정확히 파악한다.

4) 신속한 해결과 대안제시

① 쉬운 해결방법부터 제시한다.
② 해결을 못해드릴 경우 반드시 대안을 제시한다.

5) 긍정적 마무리

다시 한번 불편을 드린 점에 대해 사과를 하고 개선점을 알게 된 것에 감사한다.

2 불만승객 응대 기본원칙

1) 피뢰침의 원칙

불만승객은 나에게 개인적인 감정이 있어서 화를 내는 것이 아니라 일 처리에 대한 불만으로 복잡한 규정과 제도에 대해 항의하는 것이다. 그러므로 승객의 불만에 상처를 입기보다 피뢰침과 같이 승객의 불만을 몸으로 흡수하고 회사나 제도에 반영한 후 다시 땅속으로 흘려보내야 한다.

2) 책임공감의 원칙

승객의 불만이 나로 인해 발생된 것이 아닐지라도 조직구성원의 일원으로서 내가 한 행동의 결과이든 다른 사람의 일 처리 결과이든 승객의 불만족에 대한 책임의식을 가지고 응대해야 한다.

3) 감정통제의 원칙

화가 나 흥분하여 불만을 표출하는 승객과 맞서 함께 감정적으로 응대하지 않는다. 프로와 아마추어의 차이는 감정을 통제할 수 있느냐 없느냐의 차이일 것이다. 순간의 감정조절 실패로 인해 돌이킬 수 없는 큰 오류를 범하지 않도록 해야 한다.

4) 언어절제의 원칙

말을 많이 한다고 해서 나의 마음이 승객에게 올바로 전달되는 것은 아니다. 오히려 그 반대로 승객의 말을 많이 들어주는 것이 승객의 문제를 빨리 해결할 수 있다. 우리는 지식과 경험을 바탕으로 상황을 미리 짐작해서 말하곤 한다. 이것을 경험에서 오는 자신의 노하우와 능력이라고 생각하지만 승객의 입장에서는 자신의 마음을 풀어놓을 수 있는 기회를 놓쳐 버리게 되어 오히려 불만만 축적시키는 결과가 된다.

5) 역지사지의 원칙

누구도 그 사람의 입장이 되어 보지 않고서는 그의 마음을 알 수 없다. 승객을 이해하기 위해서는 반드시 그의 입장에서 문제를 바라봐야 한다. 이러한 관심은 승객에게 전달되어 문제를 원만하게 해결할 수 있는 실마리를 제공한다.

③ 승객 유형별 응대 요령

1) 재촉하는 승객

식사 서비스가 조금만 늦어도 빨리 달라고 재촉하고 쉽게 흥분하거나 과격해질 수 있는 승객이다. 이런 승객을 응대할 때는 말씨와 태도에 주의하여 신속하게 응대하도록 한다. 불분명한 대답은 승객의 신경을 더 곤두서게 하므로 확신 있는 어조로 명확하게 대답하는 것이 좋다. 신속한 처리가 어려울 경우 절차에 대해 정확히 설명하고 현실적인 처리 완료시점을 고지해 승객을 이해시켜야 한다.

2) 거만한 승객

승무원을 하대하고 무시하는 유형의 승객이다. 반말을 하며 툭하면 '사무장 데려와~' 등의 시비를 거는 경우가 이런 '거만한 승객'에 해당한다. 이런 유형의 승객들은 허세가 심하고 자신의 말이 절대적으로 옳다고 주장한다. 표면적으로는 몹시 불쾌하고 까다로운 유형이지만, 인정받기를 좋아하기 때문에 주장에 대해 맞장구를 쳐주며 치켜세워 주면 의외로 쉽게 문제를 해결할 수 있다. 1번 말하고 2번 들어주고 3번 맞장구 쳐주는 123화법'이 유용하다. 말이 많아지면 꼬투리를 잡히기 쉽다. 최대한 들어주면서 문제점을 솔직하게 설명한다.

3) 명랑 쾌활한 승객

싹싹하고 쾌활해서 상대하기 쉬운 승객이지만, 그렇다고 마음을 놓아서는 안 된다. 격없이 대하면 '사람 우습게 보는데'라고 생각할 수 있다. 일을 처리함에 있어서 'YES'와 'NO'를 분명히 하는 것이 좋으며 상대방의 쾌활함에 자신의 위치를 망각하고 자칫 예의를 벗어나는 일이 없도록 해야 한다.

4) 온순 과묵한 승객

매너 있어 보이고 말이 없는 승객으로 속마음을 헤아리기 어렵다. 이런 유형의 승객들은 비록 불만스러운 것이 있더라도 내색을 잘 하지 않는다. 말을 하지 않는다고 해서 흡족해 하는 것으로 착각하지 않아야 한다. 저자세지만 속으로는 날카롭게 관찰하고 있는 승객일 수 있으므로 항상 예의 바르게 응해야 한다.

5) 호기심이 많은 승객

호기심이 많고 기내설비를 비롯한 기내용품, 면세품 등에 관한 여러 가지 질문을 던지는 승객이다. 이러한 유형의 승객에게는 자신 있고 명확한 대답이 필요하다. 승객이 이해할 수 있도록 최대한 자세히 설명하고 모르는 부분은 잘 모르겠다고 솔직하게 답변하거나 명확한 자료를 직접 찾아 드리는 것이 좋다. 어설픈 변명으로 응대하면 더욱 힘들어진다.

6) 어린이 동반 승객

어린이를 동반한 승객들은 어린이에 대한 관심을 승객 자신에 대한 관심으로 여긴다. 어린이의 성격과 특징을 파악하여 적절하게 칭찬하고 어린이의 관심사에 귀를 기울여주는 것이 중요하다. 어린이 선물이나 음료 등을 제공하며 친숙해지도록 하고, 비록 어린 아이일지라도 반말을 삼가는 것이 좋다.

4 승객 불만 응대 시 주의할 점

• 표정 · 음성 · 자세 · 몸동작을 공손히 하여 경청한다.

- 규정 · 규칙 · 절차를 내세워서 승객을 교육 · 설교하려고 하지 않는다.
- 사과의 말씀을 드릴 때 공손한 음성과 태도를 취한다.
- 승객이 진짜 원하는 것이 무엇인지 알아내려고 노력한다.
- 승객의 입장에서 생각한다.
- 승객에게 순수한 관심을 기울인다.
- 승객의 말을 중단시키지 말고 끝까지 경청한다.
- 승객과의 논쟁을 피한다.
- 승객의 잘못을 지적하지 않는다.
- 자신의 잘못을 인정한다.
- 공손하게 이야기한다.
- 연출솜씨를 발휘한다.

5 상황별 롤플레이 답변 TIP

롤플레이 질문은 기내에서 발생할 수 있는 다양한 상황에 대한 상황대처능력을 평가하기 위함이다. 롤플레이 질문은 일부 항공사의 경우 2차 면접에 영어구술테스트와 함께 따로 물어보기도 하지만 요즘은 실무면접이나 임원면접 중 롤플레이 질문을 하는 추세이다. 면접관은 롤플레이 질문을 통해 지원자가 서비스 종사자로서 얼마나 준비되었는지 파악할 수 있다. 지원자는 승무원의 시각에서 상황을 바라보고, 승객만족을 이룰 수 있는 의견을 내놓는 것이 중요하다. 현직에서 근무해보지 못한 지원자가 기내상황을 정확하게 이해하는 것은 불가능하다. 따라서 면접관은 지원자에게 현직 승무원처럼 완벽한 상황대처를 기대하지 않는다. 그러므로 롤플레이 면접에서는 현명하게 문제를 해결하려는 의지와 센스를 보이고, 어느 서비스 상황에서도 적용될 수 있는 상식선의 문제해결방법을 제시해야 하며, 승객만족을 위해 문제에 접근하는 서비스마인드를 발휘해야 한다. 롤플레이 질문은 정확한 정답을 요구하는 것이 아니므로 그 상황에 처한 승무원이라고 생각하며 상황에 맞는 태도와 목소리로 재치 있고 순발력 있게 답변하면 된다.

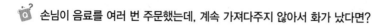 손님이 음료를 여러 번 주문했는데, 계속 가져다주지 않아서 화가 났다면?

TIP　　기내에서 발생하는 승객들의 불만 가운데 가장 많이 발생하는 사항 중 하나이다. 승무원은 수십 명의 승객에 대한 서비스 중 한 사람을 빠뜨린 것이지만 승객에게는 자신에게 주어지는 단 한 번의 서비스를 받지 못한 것인 만큼 정중한 사과를 해야 한다. 승객의 요구는 메모해 두는 것을 습관화해야 하며 무엇보다 즉각적으로 서비스하는 것이 이러한 실수를 줄일 수 있다. 한 번 실수한 승객에게는 더욱 주의를 기울여 실수를 반복하지 않는다.

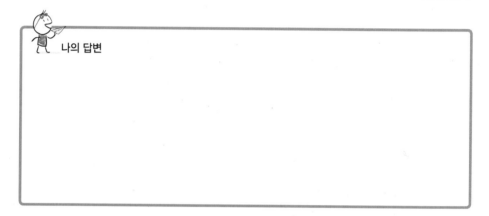

나의 답변

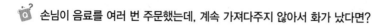 실수로 토마토주스를 승객에게 쏟았다면?

TIP　　승객에게 정중히 사과를 드리고 옷에 빨간 물이 들지 않도록 빠르게 물수건으로 닦아낸다. 토마토주스 얼룩이 남았다면 여분의 옷이 있는지 여쭙고, 상한 옷을 가져가 얼룩을 제거하도록 한다. 만약 옷의 얼룩이 지워지지 않아 승객이 많이 언짢아하신다면 이 상황을 선배와 사무장에게 알리고 보상 방법에 대한 조언을 구한다.

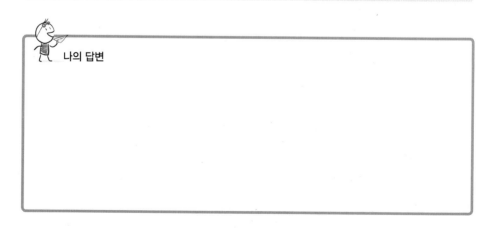

나의 답변

예상치 못한 항공기 지연으로 손님이 컴플레인한다면?

TIP　　항공기가 연착을 하는 것은 대부분 기상변화나 공항혼잡과 같은 항공사의 불가항력적인 경우가 많다. 승객이 화가 많이 나셨다면 최대한 승객의 감정이 상하지 않게 죄송하다는 사과와 함께 이러한 사실관계를 정중하게 안내드리는 것이 좋다. 출발하기 전까지 지연 이유와 소요시간을 틈틈이 안내한다. 승무원들은 기내를 다니며 승객들 개개인에게 설명하고 음료나 간단한 스낵 등을 제공한다.

나의 답변

 승무원이 자꾸만 내 팔을 치고 다닌다며, 잠을 잘 수가 없다고 사무장을 데리고 오라고 한다면?

TIP　　기내의 통로가 많이 좁기 때문에 실제로 이러한 컴플레인이 자주 발생한다.
이러한 경우 명백한 승무원의 잘못이기 때문에 정중히 사과하는 것이 최선의 방법이다. 그리고 해당 승객에게 같은 실례가 발생하지 않도록 해당 편수의 동료 승무원들에게 이러한 사실을 알려주는 것도 중요하다.

나의 답변

기내식 메뉴 중 비빔밥이 다 서빙되어 남지 않았는데 승객이 비빔밥을 요구한다면?

TIP   우선 원하는 식사를 하지 못해 실망한 승객의 마음을 공감해 드리고, 다시 한번 기내에 여분의 비빔밥이 있는지 확인한다. 승무원을 위해 탑재되는 승무원용 식사도 최대한 활용한다. 승객들은 자신을 위해 최선을 다하는 승무원의 모습을 보는 것만으로도 불만이 많이 줄어든다. 다른 메뉴를 권할 때는 맛있는 음식으로 느껴지도록 메뉴를 상세히 설명한다. 두 번째 식사 때는 그 승객에게 가장 먼저 원하는 식사를 선택할 수 있도록 안내한다.

07
Chapter

항공 객실승무원 기내 상황별 대처 요령

나의 답변

 승객이 자신의 이상형이라며 명함을 건넨다면?

TIP   승무원은 회사를 대표하는 얼굴이므로 자신의 행동에 신중을 기한다. 손님이 무안하지 않게 정중하게 거절하고, 이후 서비스 시 승객이 어색해 하거나 불편하지 않도록 다른 승객과 똑같이 친절하게 대한다. "제 서비스에 만족해 주시니 감사합니다. 앞으로 더 노력하도록 하겠습니다."라고 하며 상황을 재치 있게 넘기는 것도 하나의 방법이다.

나의 답변

승무원의 엉덩이를 만지는 남자승객이 있다면?

TIP　기내라는 좁은 상황에서 의도치 않게 발생할 수 있는 일이므로 침착하게 승객이 필요하신 것이 무엇인지 여쭈어 본다. 그리고 승객에게 호출버튼의 위치와 사용법을 알려드려 앞으로는 호출버튼을 사용해 달라고 요청한다.

나의 답변

 승객이 기내에 탑승한 연예인에게 대신 사인 좀 받아 달라고 요청한다면?

TIP　연예인도 기내에서 편안한 서비스를 제공받아야 하는 승객이다. 승객의 요청을 단번에 거절하기보다는 부탁을 들어 드릴 수 없는 상황을 잘 설명한다. 만약 가능한 상황이라면 연예인에게 사인에 대한 감사와 반가움을 표현한다.

나의 답변

기내에서 우는 아이 때문에 다른 승객들이 컴플레인을 한다면?

TIP　　우선 우는 아이와 어머니에게 다가가 최대한 빨리 아이가 울음을 그칠 수 있도록 기저귀를 갈아 주거나 이유식을 먹이는 등 즉각적인 조치를 취한다. 근처의 승객들에게 승무원이 아기를 달래기 위해 노력하고 있다는 것을 보여주는 것이 중요하다. 그리고 아이의 소음 때문에 힘들어 하시는 승객들을 위해 여분의 좌석을 알아보고 자리를 옮겨 드리거나, 귀마개를 제공해 드린다. 영화나 음악 등을 감상하시도록 유도하는 것도 좋은 방법이다.

 나의 답변

 기내에서 담배를 피우려고 하는 승객이 있다면?

TIP　　기내에서의 흡연은 엄격하게 금지되어 있다. 흡연은 무엇보다 항공기 화재의 중요한 원인이므로 수많은 승객들의 생명을 위협할 수 있는 매우 위험한 행위임을 승객에게 상기시키고 협조를 요청한다. 대신 음료나 스낵을 제공하여 흡연에 대한 욕구를 제어하실 수 있도록 돕는다. 하지만 이러한 만류에도 계속해서 흡연을 하려고 하면 항공법에 따라서 처벌을 받을 수 있다는 내용을 단호하게 알려주고 기내 책임자에게 보고한다.

 나의 답변

기내에서 제공하지 않는 음료를 요청한다면?

TIP　　우선 원하시는 음료를 제공해 드리지 못한 점에 정중히 사과말씀을 드린다. 그리고 대신 기내에 준비된 다른 음료들을 설명하고 권해드린다. 원하시는 바를 제공받지 못하셨기 때문에, 추후에 다른 불편함이 없으신지 세심하게 살피고 신경 써야 한다.

 나의 답변

 승객이 음식에 뭐가 들어갔다고 컴플레인을 한다면?

TIP　　우선 승객에게 정중하게 사과하고 바로 다른 식사로 바꿔드린다. 이물질이 들어간 음식은 사진을 찍고 정확한 내용을 사무장에게 보고한다. 사무장은 앞으로 이런 일이 없도록 관련부서에 보고하여 조치를 취하겠다고 승객에게 말씀드리며 다시 한번 사과한다. 이와 같은 항공사측의 명백한 실수에 대한 불만은 승무원의 태도와 노력에 따라서 사후처리가 크게 달라질 수 있으므로 좀 더 적극적인 불만대처와 보고가 필요하다.

 나의 답변

손님에게 뜨거운 커피를 쏟았다면?

TIP 뜨거운 음료는 승객에게 화상을 입힐 수 있으므로 승무원은 뜨거운 음료 서비스 시 엎지르지 않도록 각별히 주의를 기울여야 한다. 특별히 기류 변화로 기체가 흔들릴 때에는 뜨거운 음료 서비스를 중단한다. 만약 뜨거운 커피를 쏟았다면 가능한 빠르게 닦아드리고 차가운 얼음주머니로 찜질하여 응급처치한다. 필요할 경우 기내에 준비되어 있는 화상연고를 발라드린다. 승무원의 부주의로 인한 사고 이므로 비행 중 지속적인 관심과 사과로 승객의 마음이 풀어질 수 있도록 노력한다.

 나의 답변

 신혼부부인데 좌석이 떨어져 배정되어 화가 났다면?

TIP 좌석 배치는 지상 직원에 의해 이루어진다. 그러나 승객이 자리를 함께 앉길 원하신다면 승무원은 최선을 다해 도와드려야 한다. 우선 일행과 떨어져 앉게 된 것에 대해 안타까움으로 공감해 드린다. 그리고 다른 구역에 함께 앉으실 자리가 있는지 알아보고 없다면 옆 승객에게 자리를 옮겨주실 수 있는지 여쭤본다. 정 좌석을 옮겨드리기 힘든 경우라면 상황을 설명드리고 정중히 사과한다. 비행 중 더욱 세심하게 서비스하여 불쾌함을 덜어드린다.

나의 답변

주변 승객의 발냄새 때문에 괴롭다며 컴플레인하는 승객이 있다면?

TIP 승무원은 승객들이 쾌적한 환경에서 휴식을 취할 수 있도록 항상 기내를 살펴야 한다. 발냄새가 나는 승객에게 슬리퍼와 기내양말을 제공하며 최대한 승객이 무안하시지 않도록 말씀드린다. 기내에 방향제를 뿌리고 컴플레인 승객이 괜찮으신지 다시 확인한다. 가능하다면 다른 자리로 옮겨드린다.

나의 답변

 조종실을 구경하고 싶어하는 어린이 승객이 있다면?

TIP 항공사는 보안상의 이유로 비행 중 조종실 출입을 제한하고 있다. 조종실을 구경하고 싶어하는 어린이 승객의 마음에 공감해 주고 구경할 수 없는 이유를 설명하고 양해를 구한다. 어린이 승객에게 대신 승무원이 일하는 공간(갤리)을 보여주고 비행 중 갖고 놀 수 있는 장난감을 제공하거나 만화영화 등을 시청할 수 있도록 돕는다.

나의 답변

이미 술에 취한 승객이 술을 더 달라고 요구하면?

> **TIP**　승객이 술에 많이 취하셨다면 다른 승객에게 피해를 주거나 기내 안전을 위협하는 상황으로 이어질 수도 있다. 승객이 3잔 이상의 술을 드셨고 어느 정도 취한신 것 같다면 승무원은 계속 알코올 서비스를 하지 말아야 한다. 승객께 무알코올 음료를 권하고 얼음물이나 스낵 등 취기를 해소하는 데 도움이 될 만한 것들을 제공해 드린다. 다른 승무원들과도 정보를 공유하여 그 승객에게 술을 더 제공하지 않도록 한다.

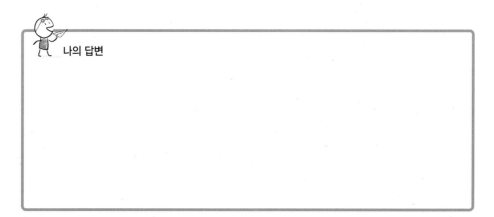

나의 답변

 승객이 체했다며 바늘로 손을 따달라고 요구한다면?

> **TIP**　승무원은 임의로 아픈 승객을 진단하거나 의료행위를 할 수 없다. 바늘로 승객의 손을 따는 것은 자칫 위험할 수도 있으므로 기내에 구비된 소화제와 따뜻한 물을 가져다 드린다. 그 후 승객의 상황을 지속적으로 살피고 만약 승객이 계속해서 불편을 호소하신다면 기내에 의료인이 계신지 알아봐 도움을 구한다.

나의 답변

비영어권 외국인 승객과 의사소통이 전혀 안 되는 상황이라면?

TIP　　영어가 통하지 않는 승객들도 동일하게 편안한 서비스를 받을 권리가 있다. 언어가 통하지 않을 경우 보디랭귀지를 사용하거나 종이에 그림을 그려서라도 승객이 원하는 바를 충족시켜 드리려고 노력해야 한다. 기내라는 낯선 공간과 언어 때문에 불안함을 느끼지 않도록 더욱 세심한 서비스를 제공하도록 한다.

🐜 나의 답변

 일반석이 불편하다며 상위클래스로 업그레이드를 원하시는 승객이 있다면?

TIP　　어떠한 이유에서도 기내에서 좌석 업그레이드는 불가능하다. 손님이 무안하시지 않도록 항공사 규정을 잘 설명드리고 양해를 구한다. 그리고 여분의 베개, 담요 등을 제공해 드려 조금 더 편안하게 가실 수 있도록 돕고, 다른 서비스에 불만족하시지 않도록 더욱 세심하게 서비스한다. 만약 2자리가 비어있는 좌석이 있다면 자리를 옮겨드린다.

나의 답변

비행기가 흔들리는데 화장실이 급하다는 승객이 있다면?

> **TIP** 비행기가 심하게 흔들리는 상황에 자리를 떠나는 것은 매우 위험하다. 승객에게 좌석벨트 신호가 꺼질 때까지 기다려 달라고 요청하고 좌석벨트 표시등이 꺼지면 바로 승객을 화장실로 안내한다.

나의 답변

 승객 중 기내가 춥다며 컴플레인하는 분이 있다면?

> **TIP** 기내 적정온도로 유지할 수 있도록 승무원은 기내온도를 수시로 살핀다. 승객이 춥다고 하신다면 기내온도를 확인하고 온도가 낮다면 조절한다. 그리고 승객에게 여분의 담요와 따뜻한 음료를 제공하여 몸을 따뜻하게 하실 수 있도록 돕는다. 그리고 혹시 승객이 편찮으신 것은 아닌지 주의 깊게 살핀다.

나의 답변

⑥ 항공승무원 롤플레이 기출문제

- 승객이 더 높은 연봉과 함께 스카우트를 제안한다면?
- 승무원이 왜 이렇게 못생겼냐며 컴플레인하는 남자 승객이 있다면?
- 승객이 이유 없이 화를 내며 불만레터를 가져다 달라 한다면?
- 이착륙 시 물을 요구하시는 승객이 있다면?
- 기내가 너무 덥다고 하시는 승객이 있다면?
- 탑승 시 항공권 확인을 왜 이렇게 많이 하냐고 컴플레인하시는 승객이 있다면?
- 승객 탑승 완료 후 문을 닫았는데 갑자기 내려야 한다는 승객이 있다면?
- 기내에 시각장애인이 탑승하신다면 어떻게 서비스할 것인가?
- 승객이 귀 막힘 증상을 호소한다면 어떻게 대처하겠는가?
- 기내식 서비스 도중, 승객이 사용한 기저귀를 치워달라고 건넨다면?
- 기내판매 중 원하시는 물건이 다 떨어졌다면 어떻게 대처하겠는가?
- 식사 양이 적다며 하나 더 드시기를 원한다면?
- 애완동물을 케이지에서 꺼내길 원한다면?
- 상위클래스 음식을 갖다달라고 요구한다면?
- 기내 안에서 화투와 같은 도박을 한다면?
- 비행기가 흔들려서 무서워한다면?
- 유럽여행을 가시는 승객이 서비스하는 고추장을 10개 달라고 한다면?
- 어린 아이를 동반하신 승객에게 어떻게 서비스하겠는가?
- 담요를 몰래 가져가시는 승객이 있다면?
- 탑승 시 승객의 좌석이 중복되었다면 어떻게 대처하겠는가?
- 감기 기운이 있다며 감기약을 달라고 하시는 승객이 있다면?
- 다른 항공사는 ○○을 제공하는 데 이 항공사는 왜 없냐며 컴플레인한다면?
- 좌석에서 아기 기저귀를 가는 승객을 발견했다면?
- '야, 물 좀 가져와!' 반말을 하는 승객에게 어떻게 서비스할 것인가?
- 식사 서비스 중 주무시는 승객이 있다면?
- 기내방송의 발음이나 목소리 등이 이상하다고 지적한다면?

- 출발이 지연되어 승객이 화가 났다면?
- 서비스 도중 어린이 승객이 당신의 스카프를 잡고 놔주지 않는다면?
- 장애가 있는 이코노미클래스 승객이 일등석 좌석을 요구한다면?
- 기내에 불이 나면 어떻게 대처하겠는가?
- 기내에 구토하는 아이가 있고, 상태가 심각해 보인다. 어떻게 대처하겠는가?
- 이륙 중이라 안전벨트를 매고 착석해야 하는 상황에서 콜버튼을 누르는 승객이 있다면 어떻게 하겠는가?
- 비행 중 임신한 승객에게 출산 징후가 보이면 어떻게 하겠는가?
- 승객이 이륙 시 무섭다고 안아달라고 한다면?
- 승무원의 연봉을 물어보신다면?

TAKE-OFF

LANDING

NO USE MOBILE

TAXI

BABY

INPORMATION DESK

TOILET

CONVEYOR BELT

COMMON ROOM

항공 객실승무원
영어면접 요령

Chapter

08

항공 객실승무원 영어면접 요령

　　세계 각국의 승객들을 대면하는 객실승무원에게 영어회화실력은 반드시 필요하다. 보통 항공사들은 지원자들의 영어회화실력을 평가하고자 2차 면접 시 임원면접과 함께 영어면접을 실시하고 있다. 영어면접에서 가장 중요한 것은 지원자가 면접관의 질문을 정확히 이해하는 것이다. 의외로 면접관의 질문을 정확히 파악하지 못하고 엉뚱한 대답을 하는 지원자들이 많다. 말하기 연습에 앞서 정확히 듣는 연습을 거듭해서 이러한 실수를 하지 않도록 주의한다. 그리고 만약 면접관의 질문을 이해하지 못했다면, 정중히 다시 묻고 정확히 대답한다. 영어면접에서는 영어표현능력이 평가의 핵심요소인데, 여기서 말하는 표현력이란 유창한 영어를 말하는 것이 아니라 표현의 정확성, 간결성, 논리의 통일성 등을 말한다. 따라서 답변을 할 때는 어려운 단어를 구사하려고 하기보다, 간단한 문장으로 이해하기 쉽고 설득력 있게 표현하는 것이 좋다.

　　국내항공사의 영어면접의 난이도는 일상적인 기초회화능력 정도로 높지 않으며, 과거 기출범위에서 크게 벗어나지 않는다. 예상문제의 답을 달고, 녹음해서 듣고, 교정하기를 반복하여 연습한다면 충분히 좋은 평가를 받을 수 있을 것이다.

1 영어면접 준비와 Interview 시의 준비사항

1) 인사는 깊고 정중히 한다.

2) 시작·끝엔 반드시 인사말을 한다.

① 시작 시

- Good morning^(after noon, evening), sir^(ma'am).
- How are you?(X), How do you do?(X)

② 끝낼 때

- Thank you, sir.   Good bye.(X)
- Thank you, sir, I appreciate the time you've given me.
- It has been a pleasure talking with you.
- It's been a pleasant talk. Thank you.
- I've enjoyed talking with you^(too), sir^(ma'am).

3) 문장 끝엔 이따금 sir, ma'am을 사용하여 대화에 변화를 줄 수도 있다.
   그러나 Interview 내내 sir, ma'am을 사용하는 것은 바람직하지 않다.

4) 대화 시는

- 자세는 곧고 바르게   (Sit up and have your posture erect and straight.)
- 면접관의 눈을 보면서   (Establish a good eye-contact.)
- 미소를 띠고   (Smile.)
- 내내 침착하면서   (Be composed throughout the interview process.)
- 자신 있고   (Try to convey that you are confident about yourself.)
- 자연스러우면서   (Act natural.)
- 당당하게 처신하며   (Act in a dignified manner.)
- 조바심을 하지 말고   (Don't be ill at ease, and no fidgeting.)

- 자제력을 보이면서 (Demonstrate patience and self-control.)
- 호의적 인상을 주며 (Present a favorable image.)
- 긍정적이면서 (Have your responses be positive.)
- 따뜻하면서도 솔직하게 (Project warmth and openness.)
- 말을 우물거리지 말고 크게 하고 (Do not murmur or whisper. Speak a little louder.)
- 최선의 성의를 보이면서
(Demonstrate that you are fully prepared to be cooperative.)
- 문제를 적극적으로 푼다. (Solve problems in a positive way.)

5) Gesture는 말하는 내용과 일치되도록 한다.

(Gesture must be consistent with your speech.)

- Gesture(Non-verbal communication = Body Language)
- Facial expressions, Smile, Eye movement, Nod, Shaking
- Body and Hand movement

6) 대화 시 우선 질문의 요점(point)을 파악하는 데 가장 주의를 기울인다.

질문의 내용을 정확히 파악하는 것이 중요하며, 동문서답처럼 성과 없는 면접도 없다.

7) 대부분의 질문은 자신의 신변에 관한 사항들이므로, 이들을 영어로 철저히 준비한다.

자기소개, 성격, 취미, 일상적 일(daily routine), 지난 경험, 주말 및 장래 계획, 여가 시간 활용, Sports 및 건강, 학교생활, 친구, 인생관, 가족, 거주지, 교통편 및 출생지 관련 질문들

8) 면접을 준비하는 과정에서, 이따금 머리에 떠오르는 예상문제나 예감이 드는 문제들이 의외로 도움을 주는 경우가 있으므로, 이런 문제들을 그때그때 잘 정리해 철저히 익혀 둔다.

9) 시간이 날 때마다 text에서 제시한 문제와 스스로 예상되는 문제들을 머리 속에 떠올려 자문하고, 거기에 대한 대답을 스스로 자답해 보는 연습 과정을 많이 거친다.

10) Text에서 제시한 sample answer 등이 자기의 경우와 맞지 않을 경우, 사전을 보고 스스로 작문해 보는 연습을 많이 한다.

11) 대부분의 질문은 5W 1H 형식에 담아 던져지므로, 이에 잘 응답하는 방법을 익혀 둔다.

who, when, where, what, why, how, which, whose,

How + much, many, far, old, tall, fast, soon, often, long, big, wide

12) 응답 시 동사의 시간, 즉 시제를 올바르게 사용하도록 유의한다.

- What time do you usually get up?
- What time did you get up this morning?
- What did you do last night?
- What did you have for lunch?
- What are you going to do after this test?

13) 면접관이 스스로의 단조로움을 피하기 위해, 같은 내용도 다양하게 묻는 경우가 많으니 유의한다.

- Where do you live?
- Where are you living?
- What's your home address?
- Where's your house located?
- May I ask your present address?
- Please tell me your permanent address?
- What part of Seoul do you live in?
- I'd like to know where you live?

14) 질문의 요지나 point가 정확히 파악되면, 그 질문에 대한 대답에 추가적인 정보를 가능한 많이 제공토록 한다. 이는 성의 면에서나 유창성의 관점에서 보더라도 단답형보다 더 바람직하다.

15) 짧은 응답으로 일관하는 대답은 질문자의 묻고 싶은 기분과 의욕을 반감시킬 수도 있다.

면접자의 질문에 대한 짧은 대답이, 예컨대 다른 어떤 경우에는 전적으로 바람직할 수도 있고 또 면접 시의 대답에 있어서도 전혀 틀린 대답이 아님에도 불구하고, 그런 단답형으로 시종일관하는 경우에는 면접관의 묻고 싶은 의욕을 상실하게 하거나 대화 분위기 자체를 멋쩍게 할 수도 있으므로 주의를 요한다.

- Do you live in Seoul? → Yes.
- How long did it take to get here? → One hour.
- How old are you? → 21.
- Where are you from? → Busan.
- What did you do last night? → Watched TV.
- How much did you pay for it? → 20,000 won.

따라서 대답은 짧은 대답과 Full sentence를 어느 정도 번갈아 사용함으로써, 대화의 단조로움과 뭔가 단절되는 느낌을 피하면서, 변화와 상호 협조적인 분위기를 형성해 나갈 수 있다.

16) 구체적인 내용을 묻는 질문에 대해서는 구체적으로 대답한다.

(Answer specific questions specifically.)

17) 외워서 준비한 내용도 결코 외운 듯이 말하지 말 것.

비록 사전에 자기가 충분히 암기한 내용의 질문을 받는 경우에도, 마치 그런 질문을 처음 접하는 듯이 하면서 말할 것, 즉 말할 때는 적당한 pause와 생각하는 듯한 모습을 보이면서 자연스럽게 말하는 것이 바람직하다.

흔히 자기자신이나 가족소개, 지원동기 등 미리 외워 준비한 내용을 질문받는 경우, 유창하게 보이려고 그 내용을 일사천리로 암송하는 경우가 있는데, 상대는 예외 없이 이것이 암기한 내용이란 것을 즉각 감지하게 되며, 따라서 그 결과는 자기 스스로 잘 보았다고 생각하는 경우와는 아주 다르게 나쁘게 나타나게 되는 경우가 대부분이다.

따라서 준비과정에서 기계적으로 암기만 하려 드는 연습방법을 지양해야 하며, 동시에 준비한 내용을 질문받는 경우에도 자연스럽게 말할 수 있는 요령이 필요한 것이다.

18) 가능한 한 쉬운 말, 구체적인 말, 쉬운 표현, 간단한 구문들을 적용토록 한다.

(Principle of Economy and Simplicity)

(Use simple words and sentences)

19) 정확성보다는 유창성을 추구할 것

(Fluency rather than Accuracy)

정확을 기하려다 말을 못하게 되기보다는, 상대방의 질문 의도를 정확히 파악한 경우엔 어법에 다소 맞지 않더라도, 요구하는 핵심정보를 넣어 말을 하는 것이 훨씬 더 바람직할 수 있다.

(Better late than never, Better little than nothing)

20) 대답하기 전 잠시 생각할 시간을 갖는 것 자체에 대해 두려워하지 말아야 한다.

(Don't worry about thinking for a few seconds before you answer.)

21) 문장을 이어주는 말이나 (Opening words), 유보적인 표현들을 적절히 잘 사용하여 대화의 자연스러움을 추구하면서, 동시에 생각할 시간을 번다.

- Well, by the way, As for me……
- In my opinion, In my mind, My opinion is……

- I'm sure......, I'd say......,
- It's hard to say(define) in a word,(but I think ......)
- It's difficult to explain briefly,(but I ......)
- I'm afraid......,

22) 질문 내용을 모르면 다시 말해 줄 것을 요청한다.

(Response to incomprehensible Questions)

- Beg your pardon, sir.
- Could you rephrase it, please?
- Would you mind repeating it, sir(ma'am)?
- I am afraid I didn't understand you.
- Would you(please) say that(it) again, please?
- What?(X) What did you say?(X)

23) 자기가 대답하는 말의 의미를 잘 알고 사용한다.

자기 대답이나 말에 대한 2, 3차의 연속적 질문에 대한 예상 답변을 미리 준비하고 임해야 한다.

- I think working as a stewardess will be perfectly suitable for my outgoing personality and aptitude.
  → What personality do you think you have?
  → What do you mean by outgoing(responsible)?
- Where do you come from?
  I'm from Daegu.
  → What is it famous for?
  → Tell me something about Daegu.
  → How often do you go there?
  → What is the best way to get there?

24) 사전 준비가 충분한 자신 있는 영역으로 유도할 수 있는 응답의 전략을 구사해 본다.

즉 준비한 자기소개나 대답 속에서의 특이한 내용과 용어에 대해서는 재차 질문이 흔하므로, 자기가 대답할 내용과 말에 대해서는 관심과 주의를 기울인다.

그리고 그런 응답에 대한 2, 3차의 추가적인 질문을 예상하고, 그에 대한 충분한 사전 준비와 연습을 한다.

- I think I have the aptitude for dealing with the public.
  → What kind of personality do you think you have?
- I think working as a stewardess would give me the best opportunity to use the knowledge I've studied in college.
  → What did you study in college?
  → How was your scores in college?
  → What was your favorite subject in college?

또한 특이한 옷차림, 머리모양, 및 액세서리 등도 면접관의 관심의 대상이 될 수 있으므로, 질문에 대비한다.

  → Where did you get that earrings^(necklace)?
  → How much did you pay for that?

25) 될 수 있으면 정중하고^(polite, formal), 정확한^(correct) 영어를 사용토록 한다.

- Use polite expressions
  - Yeah, Oh yeah, Uh-hr, yep. → Yes I'm.^(I do. Indeed. Of course, sir.)
  - Nope. → No, I'm not.^(I don't.)
  - Um hm. → I see^(understand). Is that so^(right)? Really?
  - I don't know. → ┌ I'm afraid ┌ I don't know.
                                 └ not.
                   └ I'm sorry I have no idea.

- Use correct expressions
  - Would you mind… → ┌ No, I don't mind at all.
    ├ Not at all.
    └ Oh, I'd love to.
    ┌ Yes, I'm afraid I do.
    └ I'm sorry, but……

- Use standard pronunciation
  - I'm gonna ┐   ┌ I'm going to
  - I wanna ┤ → ┤ I want to
  - I've gotta ┘   └ I've got to

26) 실수를 염두에 두지 말고, 상대의 질의에 호흡을 맞춰 마지막까지 최선을 다 한다.

실수에 대해 지나치게 생각하여 불안해하거나 당황한 빛을 보이면 오히려 일을 그르칠 수 있으므로 지난 실수는 잊어버리고, 계속 상대의 질문에 호흡을 맞춰 침착히 응대해 나가는 것이 바람직하다.

2 항공 객실승무원 영여면접 기출문제

1) Warming-Up 질문

- What are your weak points?
- Do you have many friends?
- When you make friends, do you choose friends who are different from you or similar to you?
- What is the most important in true friendship?
- Can you describe on of your best friends?
- Have you read the news recently?
- What is the biggest headline news these days?

- What have you read?

- What kind of movies do you like?

- Have you watched a movie recently?

- What is the most impressive movie you've ever seen?

- What foods do you like?

- Can you recommend any good restaurants that are located near your place?

- Do you like to go shopping?

- How often do you go?

- Where do you go shopping?

- Why do you always to go shopping there?

- Do you like to go shopping with others or alone?

- Do you have a boyfriend?

- How long have you dated?

- What do you do when you meet with your boyfriend?

- How many members are in your family?

- What has been your biggest success in life?

- Can you tell me about a time when you showed leadership skills?

- What kind of animal(music, books, or sports) do you like best?

- How do you think people will remember you?

- If you could meet any music star, who would you like to meet?

- Do you eat spontaneously or by a plan?

- Do you see yourself as being a competitive person?

- What seems to anger you the most and why?

- What is your favorite style of book to read?

- Tell me about your personality.

- What kind of people do you like?

2) 건강 / 스트레스에 관한 질문

- Do you think you are healthy?

- What's your favorite sports?
- Can you swim? Do you go swimming often?
- What food would be good for your health?
- What sports do you like?
- How do you handle your stress?

3) 여행에 관한 질문

- Have you ever been abroad?
- Where have you been?
- Why did you go there?
- What did you do there?
- Which cities were the best you've been to so far?
- How different are they than Korea?
- Have you ever been in a difficult situation while traveling?
- Can you tell me about Je-ju Island?
- Do you have any vacation plans this summer?
- If you became a flight attendant, where would you like to go flight? And why?
- Do you prefer traveling alone or with others?

4) 회사/객실승무원 직업에 관한 질문

- Tell me what you think a job is.
- Have you ever applied to our company?
- If yes, why do you think that you failed to get a job?
- Why did you apply to our company?
- Are you interviewing with any other companies?
- To become a flight attendant, how have you prepared for this interview?
- There are so many applicants. Why should I hire you of all people?
- What do you know about our company?

- What do you think about the uniform of Korean Airline?

- Do you know how many cities we serve?

- What are some advantages and disadvantages of becoming a flight attendant?

- What kind of flight attendant would you like to be?

- What are some important characteristics of becoming a flight attendant?

- Do your parents want you to become a flight attendant?

- Which one is more important: safety or good service?

- How long will you work at our company?

- What will you do in 10 years? What do you expect to be doing in 10 years?

- What do you do for a living?

- Can you tell me about your working experience?

- Can you tell me about a time you had to deal with a difficult customer?

- Do you have any expectations in terms of your salary?

- Do you have any expectations about future promotions or a possible pay raises?

- Do you have any particular conditions that you would like the company to take into consideration?

- How do you think the working conditions will be here?

- How would you get to work?

- I'd like to hear about your visions for your future.

- Describe your ideal career.

- What are some of your career objectives?

- In order to succeed in this field, what kind of personal attributes would an employee need to have?

- Do you consider the kind of work that you do more important than the amount of money you get paid for that work?

- What do you do when you make a mistake at work?

5) Role-playing

- If a passenger smokes on the air plane, how can you handle him/her?

- If a baby keeps crying, what would you do?

- How can you recognize a passenger who is angry?

- If a drunken passenger keeps requesting more alcohol, what would you do?

- If you knew you were dying in a month, what would you do before?

- What would you do if an economy-class passenger asks for the first-class meal?

- If the passenger complains that it's really hot in the aircraft, what would you do?

- If there is a bomb threat, how would you feel? How would you handle yourself?

- If a passenger wants to change his/her seat to first class, what would you do?

- If a passenger asks you on a date, what would you do?

- If you have some tension with your senior, how can you handle it?

- What do you think are some difficult problems working with foreign passengers?

- How can you explain bi-bin-bop? Can you explain how to eat it?

- If as passenger keeps touching your butt, what would you do?

- There could be a lot of emergency situations on airplanes, how can you handle them?

- If a passenger takes a blanket, what would you do?

- When you get your first paycheck, what would like to do with this money?

- What would be your reaction toward an angry passenger? And why?

TAKE-OFF   LANDING   NO USE MOBILE

TAXI   BABY   INPORMATION DESK

TOILET   CONVEYOR BELT   COMMON ROOM

Chapter

APPENDIX

부록

Appendix

01

기내방송

기내방송이란 항공기에 탑승한 모든 승객들을 대상으로 실시되는 정보제공 차원의 기내에서 실시되는 모든 방송을 말한다. 기내방송은 항공사의 기내서비스 수준을 결정하는 중요한 요소로 평가되고 있다. 그렇기 때문에 객실승무원은 정보와 의미를 정확하고 효과적으로 전달하기 위해 기내방송에 대한 정확한 방법과 지속적인 연습을 통해 방송에 임해야 한다. 또한 올바른 표준어식의 발음과 자연스러운 억양, 알맞은 크기의 소리와 호흡, 적당한 속도, 그리고 밝고 상냥한 느낌의 톤과 표정으로 방송해야 한다.

일부 항공사에서는 기내방송문 읽기를 채용과정 평가항목으로 채택하고 있다. 방송문은 항공사별로 다소 차이가 나며, 조금씩 계속 수정되고 있으므로 특정 방송문을 외우려 노력하지 말고 어떠한 방송문이 주어져도 내용에 맞게 읽어내는 능력을 키우기 위해 노력해야 한다.

① 한국어 방송 기법

기내방송을 하는 목적은 정확한 정보를 승객에게 전달하기 위해서이다. 다음은 한국어 방송 시 유의할 점을 정리하였다.

1) 정확한 발음

기내에서 방송을 통하여 승객들에게 정확한 정보를 전달하기 위해서는 사투리가 아닌 정확한 표준어 발음을 구사하는 것이 중요하며, 평상시에도 입모양을 크게 하여 정확하게 발음 연습하도록 한다.

① 이중모음

이중모음은 두 모음이 결합되어 있는 것을 말하며 복모음(腹母音) 또는 중모음 (重母音)이라고도 한다. 단어의 의미를 정확히 전달하기 위해서 이중모음에 주의해서 읽어야 하며, 예를 들어 사투리의 경우 소리 값이 다르므로 의미가 달라질 수 있다. 이중모음은 "ㅑ, ㅕ, ㅛ, ㅠ, ㅒ, ㅖ, ㅘ, ㅙ, ㅝ, ㅞ"의 11개로 구성되어 있다.

발음의 예	
좌석 → 자석(×)	변화 → 변하(×)
과세 → 가세(×)	귀국 → 기국(×)
확인 → 학인(×)	세관 → 세간, 쇠간(×)
검역기관 → 검역기간(×)	예상 → 에상(×)
초과한 → 초가한(×)	예약 → 에약(×)
외화 → 애화(×)	죄송 → 재송(×)
보관 → 보간(×)	화장실 → 하장실(×)
제공되는 → 제공대는(×)	휴대전화 → 휴대저나(×)
기류변화 → 기루변하(×)	전원 → 전언(×)
최선 → 채선(×)	지정된 → 지정댄(×)

● 이중모음 [의]의 발음

[의] 발음은 기본 음가로 발음이 되나 쓰이는 위치와 편의에 따라서 다른 소리 [이], [에]로 발음이 된다.

• 본래의 기본음가 [의]로 발음되는 경우(단어의 맨 앞에 위치할 때)

의사, 의자, 의무실, 의혹, 의리, 의심, 의젓한, 의논, 의문

- 첫 음절이 아니고 변음되어 [이]로 발음되는 경우_(단어의 중간이나 맨 끝에 위치할 때)

협의 [협이]	유의 [유이]
문의사항 [무니사항]	문의 [무니]
회의 [회이]	창의적인 [창이적인]
편의점 [편이점]	수의사 [수이사]
주의 [주이]	회의록 [회이록]

- 조사로 쓰이는 '의'가 [에]로 발음되는 경우_(단어와 단어 사이의 조사로 위치할 때)

○○○항공 ○○○편의 [에] 기장	오늘 영화의 [에] 제목은
승무원의 [에]	휴대전화의 [에]
검역기관의 [에]	민주주의의 [에]
인천공항의 [에]	한국으로의 [에]
선반 위의 [에]	비행기의 [에]
승객 여러분의 [에] 탑승	

② 장·단음

우리말은 한자어에서 유래되었기 때문에 같은 단어지만 한자의 뜻에 따라 소리가 달라지는 경우가 있다. 장·단음을 바르게 알고 정확히 발음한다면 단어를 떠나 전체 문장을 자연스럽게 표현하며, 정확히 문장의 내용을 전달할 수 있다.

장음은 대부분 단어의 첫 음절에서만 긴 소리가 나며, 둘째 음절에서는 장음이 소멸되기 때문에, 장음일 경우에는 첫 음절을 조금 길게 발음하거나 강세를 두어 발음한다.

장음을 읽을 때는 너무 길게 읽어서 부자연스러움을 주기보다는 해당 단어를 또박또박 명확하게 발음해준다.

장음 발음의 예	
이:용	감:사합니다
언:제든지	유:의해 주십시오
전:자제:품	자:세한 사:항
품:질	예:정하고 있으며
계:속해서	좌:석 벨트를 매:주시고
면:세품	오:전, 오:후
말:씀	세:관 신고서
조:심	금:연이오니
항:공법	최:선
사:용	전:원
보:관	여:실 때는

③ **경음화**

기내방송을 할 때는 사투리뿐만 아니라 경음화된 발음을 하지 않도록 주의해야
하며 표준어 발음을 구사해야 세련된 이미지의 방송을 할 수 있다.

경음화란 유성음 다음에 오는 무성음이 유성음으로 되지 않고 된소리로 나거
나 아래의 내용처럼 앞소리의 영향을 받아 뒷소리인 평음이 경음으로 바뀌는 현
상을 말한다.

ㄱ→ㄲ   ㄷ→ㄸ   ㅂ→ㅃ   ㅅ→ㅆ   ㅈ→ㅉ

경음화 잘못된 발음의 예	
자동적 → 자동쩍(×)	덮개 → 덥깨(O)
간단한 → 간딴한(×)	앞주머니 → 앞쭈머니(O)
항공법 → 항공뻡(×)	목적지 → 목쩍찌(O)
선반속에 → 선반쏙에(×)	협조 → 협쪼(O)
읽고 → 익꼬(×) 일꼬(O)	탑승 → 탑씅(O)
면세품 → 면쎄품(×)	

④ **연음**

음절의 받침이 홑받침이나 쌍받침의 경우 모음으로 시작된 조사나 어미, 접미사와 결합되어 앞의 받침이 그 음가 그대로 뒤 음절의 첫 소리로 발음되는 것을 연음이라고 한다.

연음은 소리가 달라지는 것이 아니라 자연스럽게 발음하기 위하여 소리의 위치가 변경되는 것이라고 할 수 있다.

연음 발음의 예	
넣어 → 너어	검역 → 거먁
맛있는 → 마싣는	착용해 주시고 → 차공해 주시고
좌석밑에 → 좌석미테	필요하시면 → 피료하시면
앉아 → 안자	문의 → 무니
읽고 → 일꼬	열어 → 여러
흡연 → 흐변	잡아주시고 → 자바주시고

⑤ **구어체의 사용**

기내방송문은 정확한 정보전달을 위하여 대부분 정확하게 발음해야 한다는 생각으로 다소 딱딱해질 수 있다. 하지만, 딱딱하고 차가운 방송이 진행된다면 방송을 통해 좋지 않은 이미지를 전달할 수 있다.

방송문은 구어체와 문어체의 적절한 조화로 실제로 기내방송을 할 경우에는 딱딱한 문어적인 표현보다는 구어적인 표현을 하는 것이 좀 더 매끄러울 수 있다.

문어적인 표현	구어적인 표현
이지수입니다.	이지숩니다.
순서대로 되어있습니다.	순서대로 돼있습니다.
오후 두 시입니다.	오후 두 십니다.
제공해 드리고 있사오니	제공해 드리고 있으니
곧 출발하겠사오니	곧 출발하겠으니
도착하였으며	도착했으며

⑥ 편명, 숫자 읽기

● 편명을 읽을 때는 숫자를 하나하나씩 따로 끊어서 또박또박 읽는다.
● 숫자 0은 [영]으로 읽지 않고, [공]으로 읽는다.

987편 [구팔칠편] → [구백팔십칠] (X)

002편 [공공이편] → [영영이편] (X)

603편 [육공삼편] → [육백삼편] (X)

019편 [공일구편] → [십구편] (X)

---

2) 억양, 악센트

말소리에 나타나는 높낮이를 억양이라고 한다. 또한 악센트는 자연스러운 억양을 만드는 데 도움을 주는 역할을 하는 데, 예를 들어 장·단음의 처리와 가볍거나 무겁게 느껴지는 단어의 음절 등을 들 수 있다.

기내방송의 경우 방송내용을 효과적으로 전달하기 위하여 말하듯이 리듬을 타며 자연스러운 억양으로 방송을 하고, 중요하게 전달되어야 할 부분을 강조하기 위하여 강세를 두거나 조금 천천히 강하게 읽음으로써 강조를 한다.

좀 더 구체적으로 억양과 악센트를 활용하는 방법을 알아보기로 하자.

① 한 문장의 끝부분, 즉 어미는 어떻게 소리내어 발음하느냐가 매우 중요한데, 우선 평서문일 경우 안정적인 느낌을 주기 위하여 음을 음정의 '도' 정도의 음으로 소리내어 발음하며 의문문일 경우 실제로 물어보듯이 '~~까'를 '솔' 정도의 음으로 소리내어 발음하는 것이 가장 자연스럽고 부드러워 보인다.

② 문어체적인 딱딱하거나 단조로운 억양으로 방송을 하게 되면 승객들이 다소 지루해 할 수 있고, 오버스러울 정도로 지나치게 과장된 억양을 사용하게 되면 부담스러운 방송으로 느낄 수 있기 때문에 적절한 조화가 필요하며, 말을 하듯이 차분하게 읽는 것이 중요하며, 내용 중 장·단음은 별도로 표시하여 의미의 변별력과 제대로 된 발음을 잘 할 수 있도록 한다.

③ 방송내용을 정확하게 파악하기 위하여 가급적이면 외워서 방송하는 것이 좋으며, 이는 자연스러운 방송을 위해 필요한 부분이다.

④ 기내방송에서 특별히 인명(기장. 승무원 등의 이름), 지명(출발 · 경유 · 도착지), 숫자(편명. 날짜와 시간)를 읽는 경우 내용의 확실한 전달을 위하여 각각의 부분에 강세를 두거나 천천히 읽도록 한다.

> 우리 비행기는 방콕까지 가는 ○○○○항공 123편이며,
>
> 비행시간은 5시간으로 예정하고 있습니다.

3) 띄어 읽기

문장을 읽을 때 띄어 읽는 위치에 따라 의미가 완전히 다르게 전달될 수 있다. 특별히 기내방송은 적당히 띄어 읽음으로써 중요하거나 강조하고 싶은 내용을 명확하게 전달하며 안정된 느낌으로 방송할 수 있다.

고객들에게 정확한 정보전달 등을 목표로 기내방송을 효과적으로 하기 위해서는 방송 전, 띄어 읽기를 표시하는 것이 좋다.

① 주어와 서술어 사이를 띄어 읽는다.

② 연(年), 월(月), 시(時), 분(分), 장소 뒤에서 띄어 읽는다.

> 방콕의 현지시간은 7월 19일 오전 11시 25분입니다.

③ 나열식 문장으로 쉼표(,)가 있는 경우와 문장부호가 있는 경우 너무 지루하지 않도록 리듬을 넣어 띄어 읽는다.(/)1초 . //)2초)

> • 미국산 고기, / 과일, / 동식물은 / 특히, /여행지나 기내에서 설사, / 구토, / 복통, / 발열 등의 증상을 겪으신 분은/
>
> • 지금부터 좌석벨트를 매주시고 / 좌석 등받이와 테이블은 제자리로 해주시기 바랍니다. //

④ 날짜와 시간을 읽을 때는 승객들에게 정확한 정보전달을 위하여 또박또박 띄어 읽도록 하며, 한 문장 안에서 지나치게 많이 끊어 읽을 경우 문장의 흐름이 깨질 수 있으므로 최대한 자연스럽게 띄어 읽기를 한다.

4) 크기(볼륨)와 속도

기내방송은 정확한 정보의 전달을 목적으로 하기 때문에 아무리 유창하거나 명확한 발음구사도 소리가 너무 작아 알아들을 수 없거나 소리가 너무 커서 승객들에게 불편함을 제공한다면 올바른 방송이라고 할 수 없다.

기내방송을 하는 경우 육성이 아닌 PA, 즉 항공기 내 마이크를 사용하므로 소리가 너무 크거나 작게 들리지 않는지 등의 항공기종별로 마이크 상태를 미리 점검하여 승객들이 적당한 크기의 소리로 방송을 잘 들을 수 있도록 한다.

일정하게 밝고 경쾌한 톤으로 방송의 크기와 속도를 유지하는 것이 매우 중요하다.

2 영어 방송 기법

영어 방송은 영어를 모국어로 하는 외국인을 대상으로 그들에게 중요한 정보를 제공하는 것이므로 외국인들이 쉽게 이해할 수 있는 톤(tone)으로 방송해야 하며, 영어 방송의 경우 한국어 방송의 경우보다 조금 더 높은 톤으로 하는 것이 적합하다.

세련된 영어 방송을 위해서 각 단어마다 정확한 발음을 구사하는 것이 중요하며 한국어를 발음할 때보다 입모양을 더 크게 벌려 바르게 하도록 한다.

문장에서 중요하거나 강조하고자 하는 단어 앞에서는 포즈(pause)를 주며 전체적으로 단어들을 자연스럽게 연결해서 발음하는 것이 중요하며, 단어의 끝에 있는 's', 'd', 't' 발음은 너무 강하게 발음하지도 않지만 생략되어서도 안 된다. 그리고 약어, 인명, 지명을 발음할 때는 마지막 글자를 강하게 발음한다.

1) 발음 – 자음

자음이란 폐에서부터 전달되는 공기가 구강 내에서 조음기관의 막힘이나 협착에 의하여 어떤 방해를 받으며 조음되는 말소리며, 공기가 방해를 받을 때 어느 지점에서 어떻게 방해를 받는가에 따라서 조음점과 조음 방법이 달라진다. 또한, 자음은 성대의 진동 유무에 따라서 유성음과 무성음으로 분류된다.

① r과 l

● 'r'의 발음은 입술에 힘을 주지 말고 자연스럽게 오므린 다음 혀끝을 들어 올려 입천장에 닿지 않도록 입천장의 뒤쪽으로 말듯이 발음한다.

> turbulence, refrain, upright, refer, entertainment, currency
> cooperation, remain, recheck, declare, return, right, air
> store, your, board, transfer, entire, morning, for

● 'l'의 발음은 'r'을 발음할 때보다 입을 작게 벌리고 'l'이 앞에 있을 경우 혀끝을 윗니 쪽으로 당겨 윗잇몸(치경)에 닿게 하고(예 – light), 'l'이 뒤에 나오는 경우 혀끝이 윗니 뒷쪽 윗잇몸(치경)에 닿지 않은 상태로(예 – all) 발음한다.

> landing, ladies, liquid, located, airlines, flight, please, close, collect, leave,
> limited, meal, fall, fill out, until, smile, careful, gel, navigational, call

② p와 f

● 'p' 소리는 성대는 진동하지 않는 무성음으로 우리말의 'ㅍ'를 세게 하는 발음으로 윗입술과 아랫입술을 붙여서 안쪽으로 약간 힘을 준 후 다시 입술을 열면서 숨을 내보낸다.

> please, preparation, present, pocket, purchasing
> passenger, put, position, point, provide
> appreciated, cooperation, opening, permitted

- 'f'는 윗니로 아랫입술을 가볍게 물고 발음하는 것으로 숨을 불어내며 마찰을 일으키는 소리로 이것 또한 성대가 진동하지 않는 무성음이다.

> flight, fastened, safety, information, refer, offering, comfort, fever
> duty-free, after, turn off, inform, aircraft, refrain

③ b와 v

- 'b' 소리는 'p'와 같은 위치와 방법으로 발음하지만 성대를 진동시키는 유성음이라는 점이 다르며, 'b' 소리는 'p' 소리만큼 파열하지는 않는다.

> seatbelt, cabin, bound, onboard, because, begin
> before, bottle, baggage, belonging, abroad

- 'v' 소리는 아랫입술을 윗니에 대고 바람을 세게 내보내는 소리로 'b' 발음과는 큰 차이가 있다. 'b'는 호흡이 파열되는 것이며 양 입술을 통해서 소리가 만들어지는 반면에, 'v' 발음은 호흡이 마찰되고 입술과 치아를 통해서 소리가 만들어지는 것이다.

> arrival, device, serve, leave, prevent, provide, have
> overhead bins, lavatories, available, video

④ th 발음

'th' 발음은 단어에 따라 무성음인 [θ]와 유성음인 [ð]의 두 가지 소리로 발음된다.

[θ]의 발음은 입을 작게 벌리고 혀끝을 양 치아 사이에 가볍게 대고 공기를 그 사이로 마찰시키며 내는 소리이다. 혀의 위치는 윗니와 아랫니 사이에 혀끝이 밖으로 나오도록 놓고 숨을 내보내며 [드~] 하는 동시에 혀를 안쪽으로 넣는다.

[ð]의 발음은 양 치아 사이에서 혀끝을 입술 밖으로 나오게 한 후, 윗니와 혀 사이로 호흡이 빠져나오는 순간 혀를 안쪽으로 넣으면서 성대에 진동을 주어 [드~]

하며 떨리는 음으로 발음한다.

이때, 주의할 점은 [θ]와 [ð]를 [s], [z]처럼 발음해서는 안 된다. 예를 들면, Thank you를 [sank you]로 발음되지 않도록 유의해야 한다.

[θ]	[ð]
thank you	this / that
trough	further
think	the
tooth	weather
third	with
birth	other

2) 연음

연음이란 단어들을 자연스럽게 서로 연결해서 발음하는 것으로 각각 단어의 음들은 음성 환경에 영향을 받아 자연스럽게 변동이 생길 수 있다.

① 단어가 자음으로 끝나는 말 뒤에 모음이 오는 경우 연결하여 발음한다.^(자음 +모음)

take off	seat belt is
turn off	provide you
welcome aboard	in front of
switched on	ladies and gentlemen
ask you	fill out
contact your	come on in

② 혀의 위치가 같은 자음이 연속될 때 한쪽 자음이 탈락된다.

보통 자음이 겹치는 경우 앞쪽의 첫 자음보다 다음 단어의 시작 자음을 발음한다.

get together proceed to required to this sound	at two next time last Tuesday bus stop

3) 축약

한국어 방송에서와 마찬가지로 영어 방송에서도 문어체적인 방송보다는 좀 더 자연스럽게 표현할 수 있는 구어체적인 방송이 좋다. 일반적으로 구어적인 표현은 축약한 발음을 통하여 나타낼 수 있다.

I am → I'm There is → there's I would → I'd We are now~ → We're now~	who has → who's we will → we'll we have → we've can not → can't

4) 악센트와 인토네이션

우리말에 비해 영어는 강하고 약하게 하거나 느리고 빠르게 발음하는 말이 있다. 문장에서 강하게 발음하는 소리는 악센트(accent)라고 하고, 강하게 발음하는 말의 단위는 인토네이션(intonation)이라고 한다.

문장에서 의미상 중요한 단어나 강조하고자 하는 단어는 힘을 주어 강하게 발음하고 다소 천천히 말하며, 강조하고자 하는 말 앞에서는 pause를 둔다. 또한 정중한 질문(예 : Would you mind~, Would you like~, Do you mind~) 등은 말끝을 올리지 않는다.

영어에서 보통 강하게 발음하는 말과 그렇지 않은 말들이 있는데, 문장의 의미에 중요한 역할을 하는 명사, 동사, 형용사, 부사, 의문사 등은 강하게 발음하고, 반면 단어 자체에 의미를 가지고 있지 않은 관사나 전치사 등은 약하게 발음한다.

③ 항공사 기내방송문

1) 이륙 전 기내방송

이륙 전 기내방송은 Welcome Ground Service가 진행되는 단계인 승객 탑승 시점부터 항공기가 이륙하기 전까지 실시되는 방송들로 이때 객실승무원들은 신문, 잡지를 제공하며 안전운항을 위한 Demonstration도 실시한다.

우선 승객과 첫 대면이 이루어지는 시간이니만큼 좋은 항공사의 이미지를 전달할 수 있도록 승객 탑승 시 밝은 환영인사와 더불어 정성껏 좌석 안내를 한다. 이 시기의 객실승무원은 서비스 업무보다는 항공기 운항 전반과 이륙을 위한 안전 업무에 비중을 두고 있으므로 안전요원으로서의 역할을 충실히 이행하여야 한다. 또한 운항 관련 서류 인수나 특별 승객 응대 시 지상 운송직원과의 업무 협조에도 소홀함이 없어야 한다.

① Baggage Securing

'Baggage Securing' 방송은 승객들이 항공기에 탑승하여 자신의 좌석에 대한 안내를 받고, 수하물을 보관하는 동안 실시되는 방송으로, 해당 비행편에서 최초로 접하는 기내방송이다. 다소 어수선한 탑승이 진행되는 도중에 실시되는 기내상황을 고려하여 명확하고 크게 방송하며 형식적인 방송이 되지 않도록 주의한다. 목적지, 편명, 수하물 보관방법, 전자기기의 사용법에 대한 정보를 담고 있다. 탑승 진행 정도를 감안하여 1차, 2차에 걸쳐 반복적으로 방송하며, 서두르는 느낌 없이 차분한 마음가짐으로 천천히 정확하게 한다.

> 손님 여러분,
> (선택) ____까지 가는 저희 OO항공 ____편을 이용해 주셔서 감사합니다.
> 안전한 여행을 위해, 갖고 계신 짐은 앞좌석 아래나 선반 속에 보관해 주시기 바랍니다.

Ladies and gentlemen,/
(선택1) Welcome aboard OO Air flight OO / bound for OO.
(선택2) Thank you for flying with us today. / This is OO Air OO /
bound forOO.
For your safety, / please place your carry on items / in the overhead bins /
or under the seat / in front of you.
Thank you.

② Preparation for Departure

'Preparation for Departure' 방송은 승객의 탑승이 거의 완료되고, 항공기 출입문을 닫기 직전에 실시한다. 간혹 예정된 항공기 출발시간을 10분 이내로 조금 넘기면서 지연되고 있을 경우에도 본 방송문을 이용해 출발 예정 시간을 전달할 수도 있다. 항공기 탑승구를 닫기 전에 탑승한 승객들의 목적지와 해당 비행편의 목적지를 최종적으로 확인하는 것을 목적으로 한다. 목적지, 편명, 수하물 보관방법, 출발을 위한 지정좌석 착석 및 좌석벨트 착용에 대한 정보를 담고 있다.

손님 여러분,
(___를 거쳐)(도시명)까지 가는 OO항공 ___편, 잠시 후에 출발하겠습니다.
갖고 계신 짐은 앞 좌석 아래나 선반 속에 보관해 주시고, 지정된 자리에 앉아 좌석벨트를 매주시기 바랍니다.
감사합니다.

Ladies and gentlemen, /
This is OO Air flight OO / bound for OO.
We are now just(a few/ -) minutes away / from an on time departure.
Please make sure / that your carry on items are stored / in the overhead bins / or under the seat / in front of you.
Also, / please take your assigned seat / and fasten your seat belt.
Thank you.

③ Welcome

'Welcome' 방송은 승객의 탑승이 완료되고, 항공기 출입문을 닫은 후, 비상시 사용하게 될 슬라이드 장착 모드 변경 후, 이어서 실시한다. 이때 객실의 분위기는 차분해진 상태로 탑승을 환영하는 환영방송인 만큼 정중하고 활기찬 어조로 실시하여 승객들이 고품질의 기내서비스를 기대할 수 있도록 한다.

대한항공의 경우, 환영방송 도입부의 인사말 부분에 모든 승무원이 해당 서비스 구역 전방에서 승객에게 정중한 인사를 드리며, 인사말도 방송 담당자가 선택할 수 있다. 해당 항공사의 소속 항공 동맹체, 목적지, 편명, 비행 소요시간, 탑승 승무원 소개, 출발을 위한 지정좌석 착석 및 좌석벨트 착용, 금연, 전자기기 사용에 대한 정보를 담고 있다. 항공기의 출발이 지연된 경우는 지연 사유를 담은 방송을 하며, 일상의 환영방송과는 다른 상황별 느낌을 담은 목소리를 연출해야 한다.

'Welcome' 방송은 고객에게 주는 첫인상이라 생각하고, 환영과 감사의 뜻을 담고 있는 방송문을 전 객실승무원을 대표하는 마음가짐으로 밝게 정성을 담아 전달한다.

(선택 1) 소중한 여행을 저희 OO 항공과 함께 해 주신 손님 여러분, 안녕하십니까. 스카이팀 회원사인 저희 OO 항공은 여러분의 탑승을 진심으로 환영합니다.

(선택 2) 손님 여러분 안녕하십니까. 오늘도 변함없이 스카이팀 회원사인 저희 OO 항공을 이용해 주신 여러분께 깊은 감사를 드립니다.
이 비행기는 _____까지 가는 OO 항공 ___편입니다.
목적지인 ___까지 예정된 비행시간은 이륙 후 ___시간 ___분입니다.
오늘 _____기장을 비롯한 저희 승무원들은 여러분을 정성껏 모시겠습니다.
출발을 위해 좌석벨트를 매주시고 등받이와 테이블을 제자리로 해주십시오.
그리고 휴대전화 등 전자기기는 무선통신 기능이 꺼진 상태에서 사용하실 수 있으며, 노트북 등 큰 전자기기는 좌석 하단 또는 기내 선반에 보관해 주시기 바랍니다.

계속해서 여러분의 안전한 비행을 위해, 잠시 화면(/승무원)을 주목해 주시기 바랍니다.

Good morning(afternoon, evening), / ladies and gentlemen.

(선택1) Captain(Family Name) and the entire crew / would like to welcome you on board / OO Air, / a Sky Team member.

(선택2) Captain(Family Name) and all of our crew member / are pleased to welcome you on board / OO Air, / a member of Skyteam Alliance.

This is flight OO / bound for OO.

Our flight time today will be / OO hour(s) and OO minute(s) / after take off.

During the flight, / our cabin crew will be happy to serve you / in any way we can.

To prepare for departure, / please fasten your seatbelt / and return your seat and tray table / to the upright position.

And please direct your attention for a few minutes / to the video screens(cabin crew) / for safety information

2) 이륙 후 기내방송

'이륙 후 기내방송'은 Air-Service가 진행되는 단계로 항공기가 이륙하여 적정 고도에 이르러 승객들에게 기내식, 기내 엔터테인먼트, 면세품 판매 등의 여러 가지 기내서비스를 제공하는, 목적지 도착 준비를 알리기 전까지 실시되는 방송들로 이때 승무원들은 방송의 내용대로 다양한 서비스들을 진행하게 된다.

① Seat Belt Sign Off

'Seat Belt Sign Off' 방송은 항공기가 적정 고도에 이르러 순항할 수 있는 상황이 되었을 때 실시한다. 기장이 Chime과 함께 객실 도처에 위치한 'Fasten Seat Belt' 표시등을 꺼서 항공기의 안전한 이륙과 승객과 승무원의 객실 내 이동이 가능하다는 신호를 주면 담당 승무원은 해당 방송을 실시한다. 승객들은 이륙 이후 이 시점을 항공여행의 본격적인 시작으로 인식한다. 기내 안전과 쾌적성 유지를 위해 좌석벨트 상시 착용과 금연 안내, 기타 항공정보 제공을 위해 항공사 상용고객 우대제도와 기내지 소개 등을 한다. 방송 문안에 담겨 있는 의미에 맞게 자연스럽게 끊어서 방송을 실시한다.

손님여러분,
방금 좌석벨트 표시등이 꺼졌습니다.
그러나 비행기가 갑자기 흔들리는 경우에 대비해 자리에서는 항상 좌석벨트를 매시기 바랍니다.
그리고 선반을 여실 때는 안에 있는 물건이 떨어지지 않도록 조심해 주십시오.
아울러, 여행하신 누적거리에 따라 다양한 혜택을 드리는 OO 항공의 스카이패스에 대한 정보는 기내지 모닝캄을 참고해 주시고, 회원 가입을 원하시는 분은 승무원에게 말씀해 주시기 바랍니다.

[A380 기종 운항 시]
아울러, 이 비행기의 1층 뒤쪽에 마련된 면세품 전시 공간에서는 다양한 상품들을 언제든지 직접 보고 안내받으실 수 있습니다.
하늘 위에서 즐겁고 편리한 쇼핑하시기 바랍니다.
감사합니다.

Ladies and gentlemen, /
the captain has turned off the seatbelt sign.
In case of any unexpected turbulence, / we strongly recommend you / keep your seatbelt fastened / at all times while seated.
Please use caution / when opening the overhead bins / as the contents may fall out.
Also, / we would like to extend a special welcome / to our Sky Pass members.
Sky Pass is a OO Air's frequent flyer program / which offers a wide range of benefits.
If you wish to join, / please ask our cabin crew.
For more information about service available in this flight, / please refer to the Morning Calm magazine / in your seat pocket.
Thank you.

② 서비스 순서 안내

'서비스 순서 안내방송'은 'Fasten Seat Belt' 표시등이 꺼지고, 해당 방송을 마친 후 기본적인 첫 번째 식사 서비스 준비를 마친 후 실시한다. 제공되는 식사 종류, 두 번째 식사의 제공시간, 기내 판매시간 등 당일 제공되는 기내서비스의 구체적인 설명을 한다.

손님 여러분,
OO까지 가시는 동안 제공되는 서비스에 대해 안내해 드리겠습니다.
잠시 후 음료와 아침(점심/저녁/간단한) 식사를 드리겠습니다.
식사 후에는 면세품을 판매하겠습니다.
그리고, OO도착 OO시간 OO분 전에 음료와 아침(점심/저녁/간단한) 식사를 드리겠습니다.
즐겁고 편안한 여행이 되시기 바랍니다.

Ladies / and gentlemen, /
We would like / to briefly inform you / about our service today.
We will start our in-flight service / beginning with drinks, / and (breakfast/lunch/ dinner/a light meal) / with follow.
And, /approximately, / OOhour(s) OOminutes /before landing, / (breakfast/lunch/ dinner/a light meal) will be served.
Thank you for / choosing OOair, / have a pleasant flight.

---

③ In-Flight Sales

해당 비행편의 기내서비스 순서는 노선별, 항공기 출발 시간대에 따라 다소 상이하다. 'In-Flight Sales'는 주로 식사서비스 제공 후 실시되는 경우가 많으나 항공기 출발시간이 늦은 오후일 경우, 승객들의 취침시간을 고려해 아침식사 제공 전에 판매하기도 한다. 기내 판매 안내방송문은 면세가격의 판매, 구입방법, 면세품 판매 안내지 소개, 사전주문제 홍보, 귀국편 예약주문제도 안내, 구입 가능 화폐, 도착지의 면세 허용량 등의 정보를 담고 있다.

손님 여러분

OO 항공에서는 우수한 품질의 다양한 면세품들을 판매하고 있습니다.

구매를 원하시는 분은 판매카트가 지나갈 때에 말씀하시기 바랍니다.

'기내 면세품 사전 주문서'를 작성하시면 편리하게 면세품을 구매하실 수 있으며, 미화 200불 이상의 면세품을 사전 주문하시는 분께는 사은품 증정 행사를 실시하고 있음을 알려드립니다.

또한 환승 시 액체류 물품은 보안상의 이유로 기내 반입에 제한을 받을 수 있으니 구매를 원하시는 분은 승무원의 안내를 받으시기 바랍니다.

Ladies and gentlemen,

Our in-flight duty free sales have started / and you may now purchase duty free items / or order items / for your return flight.

Passengers transferring from OO / should contact with cabin crew / when purchasing duty free liquor items.

For more information, / please refer to the Sky Shop magazine / in your seat pocket.

If your need any assistance, / our cabin crew is happy to help you.

④ Movie

기내 영화 상영은 기내에서 제공되는 주요한 엔터테인먼트 서비스이다. 최근 도입되는 항공기 기종의 경우는 대부분 AVOD(Audio Video on Demand) 시스템이 장착되어 원하는 시간에 선택하는 영화를 볼 수 있지만, 구름 위 상공에서 스크린을 통해 영화의 감동을 느

끼고자 하는 승객들을 위해 안내방송을 실시한다. 상영 영화의 제목과 주연, 언어 선택, 주간 비행 시의 협조사항, 안전을 위한 벨트 상시 착용을 그 내용으로 한다.

손님 여러분,

잠시 후 영화를 상영하겠습니다.

보실 영화의 제목은 _____입니다.

창문 덮개를 내리면 화면을 더욱 선명하게 보실 수 있습니다.

그리고 비행 중에는 예상치 못한 갑작스러운 기류 변화로 비행기가 흔들릴 수 있습니다.

손님 여러분의 안전을 위해, 자리에서는 항상 좌석벨트를 매고 계시기 바랍니다.

Ladies and gentlemen, /

Our film today is OO.

As a courtesy to other passengers, / we ask you / to please close your window shades.

And in case of any unexpected turbulence, / please remember / to keep your seat belt fastened / while seated.

⑤ Turbulence

'Turbulence'는 운항 중 갑작스러운 난기류의 출현으로 기체가 요동을 일으키는 현상을 말한다. 해당 방송은 다른 방송문과는 차별적으로 일정한 시점에 방송순서에 따라 실시하지 않고, 기장으로부터의 신호에 반응하게 된다. 기장이 Chime 작동과 함께 객실 도처에 위치한 'Fasten Seat Belt' 표시등을 켜서 상황을 알린다. 상황의 정도에 따라 Chime 작동의 횟수와 표시등의 점등 횟수가 2회까지 늘어난다. 장시간 켜져 있을 경우는 주기적으로 방송한다.

본 방송은 승객의 안전한 비행과 직접적인 관계가 있으며, 즉각적인 방송 실시가 가장 우선된다. 기내방송의 규정상, 정확한 전달을 위해 방송 문안을 눈으로 확인하며 방송하는 것을 원칙으로 하지만 Turbulence는 예외로 한다. 한국어는 물론, 영어 방송 문안까지 완벽하게 암기하여 방송할 수 있도록 한다. 객실 사무장으로부터 방송임무를 부여받은 최상위 자격을 가진 해당 편 방송 담당 승무원은 물론 차상위 자격 승무원까지 본 방송의 준비태세가 항시 갖추어져 있어야 한다. 안전에 관한 사항을 담고 있으므로 급하게 읽지 않도록 유의한다.

[Turbulence 1차]

손님 여러분,

A: 비행기가 흔들리고 있습니다.

B: 기류가 불안정합니다.

좌석벨트를 매주시기 바랍니다.

[Turbulence 2차]

안내 말씀 드리겠습니다.

우리 비행기는 기류가 불안정한 지역을 지나고 있습니다. 좌석벨트 표시등이 꺼질 때까지 자리에서 잠시만 기다려 주시기 바랍니다.

[Turbulence 1차]

Ladies and gentlemen, /

We are experiencing some turbulence.

Please return to your seat / and fasten your seatbelt.

[Turbulence 2차]

Ladies and gentlemen, /

We are continuing to experience the turbulence.

For your safety, / please remain seated / with your seatbelt fastened.

Thank you.

3) 착륙 전 기내방송

'착륙 전 기내방송'은 Air-Service가 진행되는 단계 중 목적지 도착을 준비하기 시작하는 시점에 실시되는 방송들로, 일반적으로 운항승무원의 도착지 안내방송을 기점으로 한다. 이때 객실은 비행시간 동안 기내에서 제공되던 식음료, 기내 판매, 각종 엔터테인먼트 서비스가 마무리되고, 승객들도 도착 준비를 하게 된다. 도착지 관련 정보, 연결편 안내, 서비스용품 회수에 대한 내용들을 담고 있다.

① Arrival Information : Korea

'Arrival Information'은 승객들에게 도착지의 입국심사에 필요한 서류 작성에 도움을 드리고자 실시하게 된다. 도착하는 국가별로 기재사항이나 면세 관련 기준들이 상이하므로 방송 문안을 꼼꼼히 확인한 후 정확한 내용이 전달될 수 있도록 해야 한다. 출입국 관련 정보들은 그 내용으로 한다.

안내 말씀 드리겠습니다.

대한민국에 입국하시는 손님 여러분께서는 입국에 필요한 휴대품 신고서를 다 쓰셨는지 확인해 주십시오. 그리고 미화 만불 이상, 또는 이에 해당하는 외화를 지니셨거나 미화 400불 이상의 물품을 구입하신 분은 그 내용을 휴대품 신고서에 반드시 신고해 주시기 바랍니다.

여행자 휴대품은 세금 사후 납부제도를 이용하실 수 있으며, 신고하지 않을 경우 가산세가 부과됨을 알려드립니다.

또한 구제역 확산 방지를 위해 해외에서 가축농장을 방문하셨거나 축산물을 가져오신 분은 가까운 검역기관에 신고해 주시기 바라며, 축산관계인은 사전에 세관신고서를 작성하시고 입국심사를 받으신 후 검역기관의 소독조치를 받아 주시기 바랍니다.

Ladies and gentlemen, /

All passengers entering into Korea / are requested to have your entry documents ready.

If you are carrying foreign currency / more than 10,000 US dollars, / or if you acquired more than 400 US dollars / worth of articles abroad, / please declare them / on the customs form.

Thank you.

② Headphone Collection

'Headphone Collection' 방송은 해당 편에서 제공하는 기내서비스를 마무리한다는 의미를 내포한다. 승객들이 비행 중 사용하던 서비스용품들을 객실승무원들이 회수하겠다는 내용이다. 헤드폰, 잡지, 배포된 설문지, 담요들을 언급하며 협조를 구한다.

안내 말씀 드리겠습니다.
지금부터 헤드폰과 잡지를 회수하겠습니다.
[일반] 그리고 사용하신 담요는 기내 비치품이니, 승무원이 정리할 수 있도록 좌석 앞주머니 속에 넣어 주시기 바랍니다.
[T/S구간] 계속해서 _____까지 가시는 손님께서는 헤드폰과 사용하신 담요를 좌석 앞주머니 속에 보관하시기 바랍니다.
손님 여러분의 협조를 부탁드립니다.

Ladies and gentlemen, /
Our cabin crew will be coming through the cabin / to collet you headphones.
Also, / we ask you / to please leave your blanket / in your seat pocket.
Thank you for your cooperation.

③ **Approaching**

객실승무원과 승객들이 착륙을 위한 준비를 마무리할 즈음, 기장이 Chime 작동과 함께 객실 도처에 위치한 'Fasten Seat Belt' 표시등을 켜서 'Approaching' 상황을 알린다. 운항 계획에 따라 안전운항을 하던 항공기가 목적지 공항에 도착하기 위해 'Approaching'하는 것을 승객에게 알린다. 도착 예정 시간, 수하물 보관 요령, 좌석벨트 착용, 전자기기 사용금지내용 등의 내용을 포함한다.

손님 여러분,
우리 비행기는 약 20분 후, _____ 국제공항에 도착하겠습니다.
꺼내 놓은 짐들은 앞 좌석 아래나 선반 속에 다시 보관해 주십시오.
착륙준비를 위해(음료/식사서비스/면세품 판매)을(를) 중단하겠으니, 양해해 주시기 바랍니다.
감사합니다.

Ladies and gentlemen, /
We are approaching OO international airport.
At this time, / we ask you / to please stow your carry on items / in the overhead bins / or under the seat / in front of you.
Thank you for your cooperation.

④ Landing

일련의 항공기 착륙을 위한 방송들 중 가장 마지막에 하는 방송으로, Landing Gear가 나오는 시점에 실시한다. 승객들이 안전한 착륙을 할 수 있도록 주요한 내용은 의미를 부여하여 강조하는 느낌으로 방송한다. 안전한 착륙을 위한 승객 좌석 정위치, 좌석벨트 착용, 창문 덮개, 전자기기 사용금지 등의 착륙 전 기내 안전에 관한 내용을 담고 있다. 승객의 주의를 집중시킬 수 있는 적절한 음량과 속도를 유지한다.

손님 여러분, 이 비행기는 곧 착륙하겠습니다.
좌석 등받이와 발 받침대, 테이블을 제자리로 해주시고, 좌석벨트를 매주십시오.
창문 덮개는 열어 두시기 바라며, 노트북 등 큰 전자기기는 좌석 하단 또는 기내 선반에 보관해 주시기 바랍니다.
감사합니다.

Ladies and gentlemen, /
We will be landing shortly.
Please fasten your seat belt, / return your seat and tray table / to the upright position, / and open your window shades.
Also, / please discontinue / the use of electronic devices / until the captain has turned off the seat belt sign.
Thank you.

4) 착륙 후 기내방송

'착륙 후 기내방송'은 Farewell Ground Service가 진행되는 단계로 항공기가 목적지 공항에 안전하게 착륙하여 승객이 하기할 공항 터미널까지 이동하는 동안 실시된다.

① Farewell

Farewell 방송은 항공기가 안전하게 착륙한 후 실시하며, 탑승객에 대한 감사인 사와 환송의 마음을 담아 밝고 정성스럽게 방송한다. 목적지 공항의 명칭, 도착 날 짜와 시각, 현지 기온, 탑승 감사인사 등을 그 내용으로 한다. 방송 담당자는 착륙 직후 엔진의 소음이 가신 후 방송을 시작한다.

손님 여러분, 우리 비행기는 _____에 도착했습니다.

(지연 시) _____ 관계로 도착이 예정보다 늦어졌습니다.

지금 이 곳은 __월 __일 오전(오후) __시 __분이며, 기온은 섭씨 __도입니다.

여러분의 안전을 위해, 비행기가 완전히 멈춘 후 좌석벨트 표시등이 꺼질 때까 지 자리에서 기다려 주십시오.

선반을 여실 때는 안에 있는 물건이 떨어질 수 있으니 조심해 주시고,

내리실 때는 잊으신 물건이 없는지 다시 한번 확인해 주시기 바랍니다.

오늘도 여러분의 소중한 여행을 스카이팀 회원사인 OO 항공과 함께 해주셔서 대단히 감사합니다. 저희 승무원들은 앞으로도 한 분 한 분 특별히 모시는 마 음으로 고객 여러분과 늘 함께 할 것을 약속드립니다.

Ladies and gentlemen, /

We have landed at OO international airport.

The local time is now OO am/pm(month)(date),/ and the temperature is OO degrees celsius / or OO deagrees fahrenheit.

(선택1) Thank you for choosing OO Air, / a member of the Sky Team Alliance / and we hope to see you again soon / on your next flight.

(선택2) Thank you for being our guests today.

We hope that / if future plans call for air travel, / you will consider OO Air, / a member of Sky Team Alliance, / for all your travel needs.

Thank you.

기내방송 평가표

	평가내용	채점1
1	성의 있게 방송하는가?	
2	적당한 곳에 Pause를 두며, 속도는 적절한가?	
3	발음은 정확한가?(ㅎ발음, 이중모음, 경음화, 연음, 받침 등)	
4	중요한 단어는 강조하여 뜻을 잘 전달하는가?	
5	밝고 친절한 느낌을 주는가?	
6	표현력을 살려 잘 전달하는가?	
7	톤은 적당한가?	
8	목소리 크기는 너무 작거나 크지 않은가?	
9	자연스러운 구어체 억양을 사용하는가?	

1

Chapter

항공승무원의 이해

최종 면접시험을 통과하면 마지막으로 신체검사와 체력검사를 받아야 한다. 신체검사와 체력검사의 목적은 항공기 승무원으로서 항공업무 수행에 지장이 없는지를 판단하기 위함이다.

1 신체검사

1) 신체검사의 내용

혈압, 심전도 검사, 엑스레이 촬영, 키, 몸무게, 청력 검사, 소변 검사, 혈액 검사, 치아 검사, 시력 및 색각 검사, 내과 검진 등이다. 신체검사 결과는 1주일 정도 소요되며, 이상이 발견되면 재검사를 받는다.

2) 신체검사에서 주의할 사항

- 신체검사 10시간 전부터 금식(물, 음료 모두 포함)
- 화장은 일체 금지(손톱 / 발톱 매니큐어, 향수 등 포함)
- 간편복 착용, 귀금속 착용 금지(머리핀, 귀고리, 팔찌 등 포함)
- X-RAY 촬영을 위하여 장신구가 달린 속옷은 금지
- 렌즈 착용자는 반드시 렌즈를 착용

2 체력검사

1) 대한항공 체력검사 내용

- 악력검사 : 버스 손잡이 같이 생긴 악력측정기를 들고 왼쪽, 오른쪽 손을 번갈아가며 쥔다.
- 평형성검사(눈 감고 왼발 서기) : 눈을 감고 한쪽 무릎을 90

도 각도로 올리고 두 손을 허리에 둔 상태로 시간을 잰다. 양쪽 어느 발을 사용해도 상관없다. 발이 땅에 닿거나 팔이 떨어지면 측정이 종료된다.

- 순발력검사(제자리 높이뛰기) : 다리의 근력을 보기 위한 것으로 제자리에서 최대한 높이 뛴다.
- 사이드 스텝 : 민첩성을 보기 위한 검사로 바닥에 1m 간격으로 그어진 선을 양옆으로 왼발, 오른발 오간다. 1분 안에 왔다갔다 한 횟수를 측정한다.
- 자전거 타기 : 심폐기능 검사로 헬스장에서 볼 수 있는 사이클을 일정한 속도로 심장박동수가 140이 되기까지 몇 분 탈 수 있는지 측정한다.
- 근지구력검사(윗몸 일으키기) : 맨 바닥에서 무릎을 세우고 누워서 실시한다. 센서가 부착되어있어 자동으로 측정된다.
- 유연성검사 : 앉은 상태에서 스트레칭을 하듯 양다리를 앞으로 쭉 편다. 가슴을 다리쪽으로 숙여 허리를 굽히고 팔을 뻗어 손끝으로 측정기를 최대한 밀어준다.
- 체지방 측정 : 신장, 체중, 체지방을 측정한다.
- 수영테스트 : 수영테스트의 영법은 배영을 제외한 자유이며, 35초 내에 25m을 완영해야 한다.

2) 아시아나항공 체력검사 내용

- 악력테스트 : 악력테스트는 손의 쥐는 힘을 측정하는 것으로 엄지손가락을 포함한 네 손가락의 최대 근력을 측정하는 항목이다. 보통 스매들리식(Smedley 式) 악력계가 쓰인다.

  지원자는 바로 서서 두 다리를 좌우로 약간 벌리고 팔과 손을 몸에서 약간 떼어 자연스럽게 늘어뜨리고 악력계를 쥔다. 손잡이 같은 것을 꽉 쥐면 되는데, 오른손 2번, 왼손 2번 총 4번을 번갈아 측정하며 기계에서 평균점수가 디지털로 표시된다.
- 윗몸 일으키기 : 윗몸 일으키기는 30도 정도 경사가 진 곳에서 30초간 실시한다. 누워서 등이 바닥에 완전히 닿은 것만을 개수에 포함시키는데, 측정

하는 사람이 함께 숫자를 세는 방식으로 매우 엄격하게 측정하므로 연습이 필요하다. 30초에 15개 이상이 만점이다.

• 유연성 : 나무판으로 된 기계 위에 올라가 허리를 굽혀 손가락 끝으로 기계를 밑으로 밀어내면 된다. 계측기가 나무판에 부착되어 있어서 얼마만큼 밀어내렸는지 표시된다. 보통 손끝이 발끝보다 10cm 이상 내려가면 좋다.

• 배근력 : 배근력은 등에 있는 모든 근육, 즉 고유배근, 대능형근, 활배근, 삼각근 등의 신근과 하지신근 및 지굴근 등의 모든 근의 공동작용에 의하여 발휘되는 종합적인 근육력을 측정하는 것으로 허리가 약하거나 디스크 등 요통 증상이 심한 분은 주의해야 한다. 배근력은 철사줄 같은 줄을 손잡이를 잡고 쭉 잡아당기면 그 잡아당기는 힘이 디지털 점수로 나온다. 한 번에 힘을 주어서 잡아당기는 것이 효과적이다.

✈ 항공사 객실 여승무원 신장 대비 몸무게 기준표

키(cm)	적정체중(Kg)	초과체중(Kg)
160	51.0	55.5
161	51.5	56.0
162	52.0	56.5
163	52.5	57.0
164	53.0	57.5
165	53.5	58.0
166	54.0	58.5
167	54.5	59.0
168	55.0	59.5
169	55.5	60.0
170	56.0	60.5
171	56.5	61.0
172	57.0	61.5
173	57.5	62.0
174	58.0	62.5
175	58.5	63.0

02
Appendix

신체검사 및 체력검사

저자소개

이영희
서울대학교 농가정학과 졸업
연세대학교 교육대학원 가정교육학과 졸업(교육학 석사)
수원대학교 대학원 식품영양학과 졸업(이학박사)
전) 대한항공 객실승무원
　　대한항공 객실훈련원 전임강사
　　인하공업전문대학 서비스학부장
　　인하공업전문대학 항공운항과 학과장

이지은
경희대학교 호텔서비스산업학과 졸업(관광학 석사)
경희대학교 호텔경영학과 박사과정
전) 대한항공 객실승무원
　　경복대학교 항공서비스과 겸임교수
　　인하공전 항공운항과 외래교수
　　연성대학교 서비스아카데미 외래교수
현) 한국관광대학교 항공서비스과 교수

항공 객실승무원 면접실무

초판 1쇄 발행　2016년 8월 25일
재판 1쇄 발행　2018년 8월 25일
2판 1쇄 발행　2022년 8월 25일

저　자　이영희 · 이지은
펴낸이　임순재

펴낸곳　**(주)한올출판사**
등　록　제11-403호
주　소　서울시 마포구 모래내로 83(성산동 한올빌딩 3층)
전　화　(02) 376-4298(대표)
팩　스　(02) 302-8073
홈페이지　www.hanol.co.kr
e-메일　hanol@hanol.co.kr
ISBN 979-11-6647-263-3